Titel des Originals: OŽILJCI IZ SARAJEVA

Originalausgabe: Kinderbuchverlag BAMBI, Wuppertal, 1993

Satz: Sakib Topić, V. Gorica
Druck und Bindung: Mariborski tisk, Slowenien
ISBN 3-9296-87-06-2

ZLATAN ČABARAVDIĆ

NARBEN AUS SARAJEVO

Übersetzung von Goran Mihaljević
Redaktion der Übersetzung: Astrid Philippsen

Edition: BOSNISCHE WORT

DAS SAXOPHON

Wieder hörte ich das Saxophon. Genauso, wie ich es liebe. Ein großer Saal. Das Orchester etwas abseits, und in der Mitte das Saxophon. Getragener Rhythmus und ein Ton, der übermächtig die Luft teilt... Und dann Maria! Und Nebel mit ihr... Nebel für Maria.

Wenn Maria das Saxophon hört, wiegt sie sich in den Hüften. Wippt mit den Brüsten. Singt. Maria... Nebel und ein breitrandiger Hut. Saxophon und Getränke. Scharf und kalt. Zigaretten. Je stärker, desto besser. Maria...

Keller. Radio mit verbrauchten Batterien. Nachrichten: ...Sie gingen heute...und dann: ...Genfer Friedensverhandlungen. Maria war nie in Genf. Maria kannte sich nur mit dem Saxophon aus. Sie war das geborene Antitalent für Nationalitätenfragen und Krieg. Unsere Schönheitskönigin. Maria...

Sie blieb auf der anderen Seite der Barrikaden. Sie wollte nicht. Sie hat es nicht geglaubt. Auch dann nicht, als sie mit Gewehren und Panzern kamen. Mit Tschetnikwappen auf den Mützen. Am Telefon sagte sie: Tschetniks gibt es nur in schlechten antifaschistischen Filmen. Mann, heute ist das 20. Jahrhundert! Hör dem Sax zu... Dann funktionierten die Telefone nicht mehr...

Sechs Monate später kam sie. Nachts. Wortlos. Ohne Tränen. Mit dem breitrandigen Hut. Sie wollte Saxophon hören. Laut, so laut wie möglich. Sie wollte etwas Bitteres, Kaltes trinken. Eine Marlboro made in Sarajevo rauchen. Aber es gab nichts. Wir schwiegen. Nur wenn es neblig war, verließ sie den Keller. Und nachts. Nebel, Nacht und der Hut mit dem breiten Rand. Maria...

Ohne Lächeln. Ohne hinreißendes Wiegen der Hüften. Ohne... Sie sagten ihr, es wäre ein Junge. Sie wollte Saxophon hören. Ein bitteres, kaltes Getränk trinken. Eine Marlboro made in Sarajevo rauchen. Sie sagten, er sei gesund. Sie wollte ihn nicht sehen. Es heißt, sie habe geweint... Den ganzen Tag, und dann...

Niemandem teilte sie mit, was in Grbavica passiert war. Auch sprach sie nicht über die alten Freunde und Bekannten von der anderen Seite der Barrikade. Wir begruben sie unter dem Heulen der Granaten. Ohne Saxophonmusik. Dennoch, besonders nachts, wenn es neblig ist, höre ich weiterhin das Saxophon und Marias bezaubernde Stimme und sehe das Wiegen ihrer Hüften... Auch in solch einem Traum kann ich nicht vergessen, daß Marko, so nenne ich ihn, Marias Sohn ist. Daß er nichts dafür kann, am Leben zu sein...

Ich zweifle nur, ob er als Erwachsener imstande sein wird, das Saxophon zu lieben.

SECHSTER JANUAR

Es gibt Zeugen. Und Dokumente. Und Beweise. Dennoch: als existierte nichts! Kein Fluß. Keine Brücke, die zwei Ufer verbindet. Als hätte nie ein Fuß... Als wären Worte und Lachen... Weinen... Als wäre heute vor dreiunddreißig Jahren nicht mein Bruder geboren. Als wäre vor zwei Jahren, einem Monat und sechs Tagen nicht sein Sohn geboren. Und als hätte nicht... Niemals hat es etwas an diesem verbrannten und verlassenen Ort gegeben. Kein Brot. Kein Wasser. Auch nicht die Frau meines Bruders. Auch mich hat es nicht gegeben. Noch meine Frau. Oder meinen Sohn. Auch seinen kleinen, schmeichelnden, Beachtung heischenden Hund nicht. Nicht den Papagei, nicht den Hamster. Wir haben uns nie geliebt, nie gestritten. Wir hatten nie Freunde, nie Eltern. Auch keine Feinde... Es gab keine zufälligen Passanten oder auf die Schnelle geknüpften Bekanntschaften. Wir sind nirgendwohin verreist. Niemand hat uns besucht. Niemals gab es kleine Freuden oder große Probleme. Niemals hat der Papagei mich verrückt gemacht, und niemals kam der Hund ins Bett gekrochen. Auch der Hamster kroch nicht hinter den Schrank. Niemals habe ich mich mit meinem Sohn und meinem Neffen im Gras gewälzt. Meine Frau hat nie Kuchen gebacken, und nie hat sie grundlos behauptet, ich würde lügen. Daß ich wieder einmal...

Auf großen Landkarten großer Versammlungen noch größerer Leute gibt es viel Platz. Es gibt auch viele Soldaten und wichtige Politiker. Gewehre und noch mehr Profite. Ebenso schöne Versprechen.

Den Geburtstag meines Bruders gibt es auf diesen Treffen des guten Willens nicht. Auch nicht meine kleinen Dilemmas. Auch nicht die Trauer meines Sohnes noch die Tränen meiner Frau. Wenn Platz dafür wäre... vielleicht gäbe es auch diese Richtstätte? Vielleicht gäbe es auch diesen Krieg? Wenn es Krieg gäbe, dann müßten auch Opfer da sein. Und die Opfer suchen nach Schuldigen und nach Strafen...

Heute morgen vernichteten mein Bruder und ich alle Materialbeweise. Wir haben nicht geweint. Wir machten uns auf die Reise mit einer Fahrkarte ohne Rückfahrt. Mit Leere im Herzen... Eine neue Freiheit. Notwendiger Glaube an Gott. Empfehlenswert ist die Bezeugung der zugehörigen Religion... Dies gilt für Theisten wie für Atheisten... Wir gingen und ließen die Zeugen dort. Es ist ohnehin das Geschick der Menschen, schnell zu vergessen.

SCHUHE

Schuhe. Ganz neu. Eine Nummer zu klein. Schwarz. Leicht. Weiches Leder. Sohle aus Gummi. Vielleicht auch nicht. Vielleicht ist das alles nur meine Einbildung? Ein Traum? Es heißt, man könne mit offenen Augen träumen. Auch die Wirklichkeit kann ein Traum sein. Auch mein Freund. Nur, welcher? Ein Traum von gestern? Von vorgestern?... Habe ich von dem Freund geträumt oder hat der Freund von mir geträumt, so daß ich jetzt als sein Traum für ihn die Schuhe trage, die ich von meiner Mutter bekommen habe? Schöne, leichte, aber eine Nummer zu klein.

Ich erfinde eine Geschichte, während ich ihn auf der anderen Straßenseite anschaue... Nur, daß er mit dem Schießen aufhört. Irgend etwas werde ich schon erfinden...

Er und ich! Hinter uns Jahre! Viel Freude, Leid, Streit... Viele gemeinsame Freunde. Einige gingen fort, einige blieben auf der anderen Seite der Barrikade. Wir zwei...

Der Laut einer abgefeuerten Granate nagelt mich am Boden fest. Explosion auf der anderen Straßenseite. Schreie und Wimmern! Die Schuhe fallen mir aus der Hand. Ich spähe hinter einem Müllcontainer hervor. Auf der anderen Straßenseite...

Die Nachrichtenagenturen, Radio- und Fernsehstationen melden heute: Neues Massaker in Sarajevo. Tschetnik-Verbände, die sich auf den angrenzenden Bergen befinden, schossen wieder in eine Gruppe Zivilisten. In der Hauptstraße, die immer noch den Namen Josip Broz Titos, des Begründers des sozialistischen Jugoslawien, trägt, starben acht Menschen, teilweise schwer verletzt wurden zwanzig Personen.

Meinen Freund und die eine Nummer zu kleinen Schuhe erwähnt niemand. Vielleicht sind sie gar nicht im eingeschlossenen Sarajevo? Vielleicht existiert dieses Sarajevo überhaupt nicht? Vielleicht ist es nur ein Traum, geträumt mit offenen Augen?

IMMER DUNKLER WURDE DIE NACHT

Kennst du noch den öffentlichen Brunnen, an der Moschee, in der Nähe des "Trotz"-Hauses? Erinnerst du dich? Es war Ende Mai. Wir waren uns nicht sicher, aber wir haben uns entschieden...

Im Februar darauf wurde Sanjin geboren. In jenem Jahr gingen wir oft hin. Dann der Beruf, Freunde, die Suche nach einer neuen Wohnung, der Umzug... Heute war ich wieder dort. Ich war durstig. Seit Tagen bin ich durstig. Und schmutzig. Ich wartete in einer Reihe. Ich und Hunderte, Tausende anderer. Mit Töpfen für Wasser. Mit dem Wunsch, nur den Bruchteil eines Augenblicks zu spüren, wie das kalte, frische Wasser die Kehle hinunterrinnt. Wie seine "Schärfe" den Durst besiegt... Dann gab es einen Knall.

Eine nach der anderen, fünf Granaten. Brandgranaten! Geschrei und Gerenne. Die Dächer angrenzender Häuser brennen. Der Traum vom herrunterrinnenden Wasser weicht. Ihn ersetzt der Wunsch nach Leben. Wäre es auch ohne Wasser. Das Feuer löscht niemand, denn seit Tagen gibt es im städtischen Wasserwerk kein Wasser... Ich kann nicht mehr. Ich laufe zum Rohr, aus dem, dünn wie ein Faden, Wasser rinnt. Mit anderen dränge ich mich, die keine Granaten, Feuer, Schreie, Wimmern, Tod sehen und hören.

Ich vergesse die Tschetniks, die wieder aus Kanonen feuern. Das neue Blut und das neue Feuer dieses Vorabends sehe ich nicht. Ist es schon Vorabend? Drei-, viermal konnte ich schlucken, dann hat mich eine kräftige Hand weggedrängt... Ich kroch bis zur Moschee, am rechten Arm floß mir das Blut. Warm und klebrig. Ich leckte Blut statt Wasser. Ich wollte umkehren, mir die Hände waschen, aber die Nacht wurde immer dunkler. Undurchdringlich dunkel. So dunkel, daß ich meinen blutenden Arm nicht sehen konnte. Nicht die Beine, die eben noch dagewesen waren. Ich sah weder den Brunnen noch das Wasser. Nichts sah ich in dieser undurchdringlichen Finsternis.

MORGEN WIRD SEIN

Der Morgen bricht an. Der erste, vielleicht der letzte. Die Stadt stirbt. Langsam. Stück für Stück. Wir ziehen fort. Einer nach dem anderen. Mit Flugzeugen, Autos, Kampffahrzeugen, mit Bussen. Wir gehen weg, zu Fuß. Lassen Häuser zurück, Erinnerungen, Freunde, Geld, Schmuck... Tragen Trauer und Hoffnung mit uns. Vielleicht auch ein Foto. Adressen und Telefonnummern von Menschen, die uns möglicherweise helfen können. Wir wünschen... So viel wünschen wir! Am meisten ein wenig Glück! Wir brauchen Wasser und Brot. Tage und Nächte ohne Schießerei, ohne Töten...

Wir träumen unser vergangenes Leben. Suchen nach Ursachen und Anlässen: Sie waren doch mit uns. Die ganze Zeit. Nie haben sie uns gesagt, daß sie uns hassen. Wir haben die Vergangenheit vergessen - das hätten wir nicht tun sollen... Sie haben die Vergangenheit nicht vergessen, in der ihre Ahnen töteten, metzelten, brandschatzten. Mißhandelten und vergewaltigten. Auch diesen Morgen werden wir vergessen, wenn es nicht unser letzter ist. Sie nicht. Dieser Morgen ist für sie ein Feiertag. Für uns ist er ein Morgen des Abschieds und des Vergessens. Ein Morgen, in dem das frühere Leben ausgelöscht wird. Wenn sie uns nicht töten. Falls uns dort irgendwo Menschen aufnehmen, von denen wir Hilfe erwarten, werden wir das Haus unserer Väter nie wieder betreten. Das wissen die... Auch wenn sie uns nicht töten, sind wir tot. Für sie und für ihre Kinder. Lebendig bleiben wir - falls wir diesen Morgen überleben - nur für unsere Kinder. Für unsere Eltern und einige Freunde. Am lebendigsten bleiben wir für die neuen Herren, die durch einen Strohhalm unser Wissen, unseren Geist aufsaugen werden. Auch unsere Kraft. Für wenig Geld werden wir große Profite erbringen und zeitlebens in der Reihe anstehen: nach einem Visum, nach der Aufenthaltsgenehmigung, nach Arbeitserlaubnis, Flüchtlingsstatus, nach diesem und jenem.

Ein Morgen! Letzter oder erster?... Letzter und erster. Ein Morgen, in dem die Welt ihre Hände von uns und unseren Leiden reinwäscht. Die töten uns - und die Welt.... Die Welt schaut zu! Die Welt diskutiert! Die Welt entscheidet und tut nichts. Dann sagt die Welt: Kommt und versteckt euch vor dem Verbrechen, aber nicht alle. Wißt ihr, wir würden gerne helfen, aber... Dann rennen wir zwischen Granaten und Schüssen hindurch. Zwischen Messern. Alles verlassen wir, um unsere Köpfe zu retten. Denn die Welt sagt: Ihr könnt keine Waffen bekommen, würdet ihr euch mehr wehren, würde der Krieg länger und blutiger werden. Sagt die Welt...

Der Morgen gebiert den Tag. Der Tag wächst langsam in die Nacht. Und die Nacht trägt die Finsternis. Die Finsternis verdeckt unsere Lebensspuren... Dann wird es abermals Morgen werden. Und der neue Morgen wird unwirklich und überflüssig für uns sein.

NICHT DER RICHTIGE

Es war Freitag. Vielleicht Samstag?... Es war Juli, vielleicht auch Juni? Wer wird sich das noch merken?

Ein Mann hat geschrieben. Viele haben nicht geglaubt. Warum sollten sie auch? Welchen Nutzen hat das schon, was ein Mann schreibt, dem das linke Auge fehlt? Augen trügen oft. Besonders fremde.

Wozu glauben, daß es Freitag und der fünfte Juni im Jahre 1992 war? Daß an diesem Tage Sarajevo genau zwei Monate unter Tschetnik-Belagerung lag. Daß man in der belagerten Stadt nie in Fensternähe stehen darf. Besonders nicht in den oberen Stockwerken der Hochhäuser. Bei Tag und Nacht lauern Scharfschützen, notierte der Mann ohne linkes Auge. Auch schrieb er, daß an jenem Freitag alle um seinen zehnjährigen Sohn weinten. Daß sie sich wunderten, wie er mit solch einer Verletzung überleben konnte, während sein Sohn... Er hat sich nicht gewundert. Er hat geweint. Aber nicht wegen des Auges. Er weinte und verfluchte Gott... Dann begleitete er mit der nicht verheilten Wunde seine Frau und seinen jüngeren Sohn. Der Konvoi des Roten Kreuzes fuhr nach Split. Danach hat ihn niemand mehr gesehen. Es wurde erzählt, er sei mit der Familie gegangen. Er sei von einer Granate zerfetzt worden. Manche schworen, sie hätten es mit eigenen Augen gesehen. Sie hätten seine Uhr und die Tätowierung auf seiner linken Hand erkannt. Er hatte weder eine Uhr noch eine Tätowierung, aber das machte ihm nichts aus. Er brauchte Zeit und möglichst wenige Zeugen. Die Straße mied er. Rannte höchstens von einem Wohnblock zum anderen... Bei jeder neuen Kugel war er angenehm überrascht. Wer hätte gedacht, daß man so schnell ein guter Scharfschütze wird? Während er zielte, war er sich sicher, den Schuldigen gefunden zu haben. Sobald er das Opfer fallen sah, wußte er, daß es nicht der Richtige gewesen war. Der Richtige würde sich nicht überrumpeln und erschießen lassen wie ein Hund. Der Richtige würde zurückschlagen, ehe er... Er legte noch eine Blume auf das Grab seines Sohnes und fragte sich: Was soll werden, wenn der Winter kommt, ehe ich den Richtigen finde, und es gibt in der Stadt keine Blumen mehr?

VIER DAMEN, ZWEI HUNDE UND EINE GITARRE

Vier Damen in der Blüte ihrer Jugend. Zwei Hunde, nicht allzu jung und schön. Zirkus, Irrenhaus, Bordell, warmes Zuhause? Kommen und Gehen. Soldaten, Polizisten, Beamte, große und kleine Gauner, Nichtstuer. Die Nachbarn nur, wenn sie etwas Essen benötigen. Oder eine Zigarette. Ein paar Kaffeebohnen. Einen Tropfen Alkohol. Es kann auch Schnaps sein, auch wenn er nicht selbstgebrannt ist. Hauptsache, die anderen Nachbarn merken nichts... Sie könnten denken, na, Sie wissen schon... Natürlich, ein wenig unangenehm ist das schon, in eine Wohnung zu gehen, in der vier Damen und zwei Hunde leben, in eine Wohnung, die Tag und Nacht von fremden Männern aufgesucht wird... Nein, nein, verstehen Sie mich bitte nicht falsch! Ich... Mein Freund und ich, wir hielten uns zwei Tage in dieser Wohnung auf. Wir haben gelacht wie verrückt. Die Damen ebenfalls. In diesen beiden Tagen defilierte praktisch die komplette Nachbarschaft. Frauen kamen mit dem Wunsch, daß ihre Männer nichts erfahren. Männer kamen ohne das Wissen ihrer Frauen. Töchter und Söhne versteckten sich vor ihren Eltern. Alle zusammen wollten, daß der Rest der Nachbarschaft nichts erfährt. Ein vorzüglicher

Zeitvertreib, um Granaten, Tod und Brände zu vergessen... Nachts kamen die anderen. Sie brachten Fleisch- und Gemüsekonserven. Flaschen mit Öl und Getränken. Tüten mit Zucker, Mehl, Reis, Nudeln. Mit Zigarettenstangen. Mit Kerzen und Batterien. Sie kamen jung und schön. Häßlich und betrunken. Schlaff und krank. Mit Angst in den Augen und Unmengen von Alkohol im Körper. Sie wollten die Wohnung unbedingt mit dem Gefühl verlassen, ein "richtiger Mann " zu sein. Mein Gott!... Sie gingen in die Zimmer. Sie und die Damen. Sie lachten. Weinten. Stöhnten. Mein Freund spielte leise Gitarre und sang. Es sangen auch, die auf Einlaß in eines der Zimmer warteten. Die Hunde gingen gemächlich von einem zum anderen in der Erwartung, gestreichelt zu werden. Bekamen sie nicht, was sie wollten, so knurrten sie und fletschten die Zähne. Auf die gehobenen Stimmen der Damen hin flitzten sie in die Zimmer. In Sekundenschnelle öffneten sie die Türen und befanden sich auf den Betten. Jedes weitere Verhalten hing von den Befehlen der Damen ab... Morgens dann ein reichhaltiges Frühstück und ein Gläschen "für den Kreislauf". Danach erneut die Nachbarschaft und einige, die vorangegangene Nacht... Es ist Zeit aufzubrechen, sagte ich. Hier ist es schön, aber wir haben..., sagte mein Freund und nahm seine Gitarre. Die Damen gaben uns eine Stange Zigaretten und eine Flasche Whisky. Das ist für die Treue und die Liebe, sagten sie. Wir sagten, danke, wir kommen wieder, wenn wir Zeit haben und wenn wir traurig und einsam sind. Die Damen lachten, und die Hunde schmiegten sich an ihre Beine. Dann knallte es. Fürchterlich! Wir fielen auf den Boden. Wir und die Damen. Schreie und Wimmern in der Nachbarschaft. Gerenne. Die Wohnung brennt. Die Damen begreifen nicht, daß beide Hunde tot sind. Wir zerren sie durchs Treppenhaus. Jeder zwei. Die Nachbarn sehen zu, sich und die Ihren zu retten. Endlich sind wir im Hof. Der Freund rennt nach seiner Gitarre. Zigaretten und Whisky kannst du vergessen, schreit er mir zu. Halt!...

Die Explosion eines Gasboilers löste eine Lawine aus, darin verschwanden die Gitarre und mein Freund und vieles mehr... Die vier Damen und ich mitten im Hof, ohne die beiden Hunde, ohne den Freund, ohne die Gitarre... Mit Hoffnung. Mit Willen.

Die Nachbarn retteten aus ihren Wohnungen, was zu retten war. Uns beachtete niemand.

WEDER NAME NOCH DATEN

Kein Name und auch keine sonstigen Angaben.... Wer ist er? Woher kommt er? Was sucht er hier?... . Mein Gott! Wieviel Systematik nur in diesem Wahnsinn? Sie wissen, wer sie sind und was sie hier suchen.... Wieviel Gerechtigkeit in diesem Unrecht und wieviel Ungerechtigkeit in diesem Recht? Fast ein regelmäßiger Rhythmus... Sie greifen an, wir verteidigen uns. Sie brandschatzen, wir löschen. Sie schlachten und vergewaltigen, wir beweinen und beklagen... Wir würden zurückschlagen, aber... Sie sind das Unrecht. Wir sind die Gerechtigkeit. Von uns erwartet man Opfer, Geduld, Verständnis. Von ihnen erwartet niemand mehr etwas. Uns wundert es nicht mehr, daß sie ihre Toten nicht aufsammeln und begraben... Heute erkannte ich unter den toten Tschetniks meinen Freund. Vor drei Tagen war ich bei seinen Eltern. Sie konnten mir nicht sagen, wo Mitar ist. Ich gab ihnen Essen und Zigaretten, die für die Meinen bestimmt waren. Du denkst doch wohl nicht etwa, Mitar würde auf seine Stadt schießen? Auf Verwandte? Auf Freunde und Bekannte, mit denen er aufgewachsen ist? fragte Nada, seine Schwester. Ich denke nicht, sagte ich. Ich denke überhaupt nichts. Ich frage nur. Sie sagten: Danke für das Essen und die Zigaretten. Weiter sagten sie: Paß' auf dich auf. Das werde ich... Mitar begrub ich allein auf einem nahegelegenen Friedhof, einem der zahlreichen, die seit Kriegsbeginn in Sarajevos Parks, Höfen und Wiesen emporgeschossen sind... Sogar einen orthodoxen Priester fand ich. Zwar hat er sich beschwert, daß ich ihn "unter Granatbeschuß" ans andere Ende der Stadt schleppe. Es beschwerten sich auch die Bewohner anliegender Häuser, weil ich auf ihrem Friedhof einen Tschetnik begrabe. Aber mein Gewehr und das Versprechen, daß ich jeden töte... An seinem Grab errichtete ich ihm ein großes Holzkreuz, auf dem ich in kyrillischen Buchstaben schrieb: Mitar Stojanovic, geboren 1959. Tschetnik. Fiel als Angehöriger der Aggressorenverbände im Angriff auf Sarajevo am 21. August 1992. Drei Zigaretten rauchte ich an seinem Grab. Ich fand auch ein wenig Schnaps und trank es für sein Seelenheil, denn die Orthodoxen, die Serben insbesondere... Seinen Angehörigen sagte ich nichts. Falls ich überlebe, bringe ich sie zu diesem Grab. Das ist besser so. Denn für sie ging Mitar irgendwo weit fort. Er ging fort, um Verwandte, Freunde und Bekannte nicht zu verraten...

WAS NÜTZT MIR DIESE ERKENNTNIS

Er rannte auf mich zu. Öffnete den Mund und fuchtelte mit den Armen. Danach stieß er mich kräftig zu der Mauer auf der gegenüberliegenden Straßenseite hin. Ich fiel und rollte wie ein Ball. Beim Sturz schlug ich mit dem Kopf auf den Asphalt. Vielleicht auch nicht? Vielleicht stieß ich auch gegen die Mauer, neben der ich aufprallte? Ich sah mich um. Rechts von mir saß ein Mann. Ungefähr fünfzig Jahre. Auch er öffnete den Mund und fuchtelte mit den Armen. Angst im Gesicht und in den Augen. Dann schlug er die Hände vors Gesicht und steckte den Kopf zwischen die Knie. Einen Augenblick später zog er mich näher zu sich und näher zur Mauer heran. Dann zeigte er auf die Straßenmitte. Dort lag ein Mann. Das Gesicht dem Boden zugewandt. Der linke Arm ausgestreckt. Am Platz des Rechten war eine Blutlache. Ein Bein war auf der anderen Straßenseite. Das zweite war nicht sichtbar... Der Mann neben mir öffnete auch weiterhin seinen Mund. Diesmal viel schneller. Ich sagte ihm, daß ich schon seit neun Tagen nichts höre. Das Ergebnis einer intimen Begegnung mit einer Granate, sagte ich und versuchte zu lächeln. Aber er öffnete und schloß weiterhin schnell seinen Mund. Fuchtelte mit den Händen. Ihm liefen die

Tränen... Ich sagte ihm, er solle nicht weinen. Wenn der Frieden kommt, werden mir die Ärzte mein Gehör vielleicht zurückbringen... Er weinte weiterhin. Weiterhin öffnete und schloß er seinen Mund. Er zeigte mir die Tätowierung auf seiner Hand und dann eine identische auf meinem rechten Unterarm. Ich lächelte und strich ihm übers Haar. Er umarmte mich und zog mich fest an sich. Es wird alles gut, sagte ich, du wirst schon sehen. Seine Umarmung ließ allmählich nach. Er stieß mich ein wenig weg von sich und fing erneut an, den Mund zu öffnen und zu schließen, dabei hielt er die Hand abwechselnd auf seiner und auf meiner Brust. Danach öffnete und schloß er den Mund, hielt dabei den Arm waagerecht etwa siebzig Zentimeter über den Boden. Das wiederholte er einige Male. Ich sah ihn ruhig an. Du und ich, als ich klein war, sagte ich. Er lächelte. Ich sah, daß in diesem Augenblick erneut eine Granate auf die Straße fiel. Der Mann neben mir klappte zusammen. Ich stand auf und ging weg. Ich drehte mich nicht um. Um nicht einen zusammengeklappten Mann an der Mauer zu sehen. Um nicht zu sehen, wo und wie Granaten fallen. Was nützt mir diese Erkenntnis? Ich will laufen. Will mich freuen. Wer weiß, wann der Morgen in Sarajevo wieder so sonnig und warm sein wird.

ES IST KRIEG, MEIN GOTT

Gott! Wenn es Dich gibt, was ist Sünde? Liegenlassen oder nehmen? Blüte der Jugend. Unberührte Schönheit. Gott, es ist Krieg! Und Köpfe rollen. Jeden Augenblick... Frühlingsende. Ein Morgen, an dem begeistert die Vögel singen. Es ist der Platz und die Gelegenheit... Ich weiß nicht, wie ich hierhergelangt bin. Ich habe nie gebetet. Weder in der Kirche noch in der Moschee. Rettung habe ich nie im Alkohol gesucht. Nur Fröhlichkeit und Vergnügen. Manchmal überkommt es mich eben. Das ist alles... Irgend jemand hat mich in dieses Bett gelegt. Wenn das Du warst, dann danke. Auch wenn Du es nicht warst, danke Dir, du Einziger, und allen anderen Göttern, die die Heiden anbeten und angebetet haben. Nichts für ungut! Sie ist... Hundert Bildhauer und Maler hätten sie... Sie öffnet die Augen. Ich wußte, daß sie blau sind. Das hat mir... Sie lächelt. Ich lächle zurück. Mein Gott, sie nennt mich beim Namen. Ich habe nichts an. Sie auch nicht... Sie küßte mich zärtlich und stand auf. Ich nahm sie bei der Hand. Und sie sagte: Ich bin gleich zurück, und wollte gehen. Draußen knallte es. Sie ließ sich wieder ins Bett fallen. Gott, draußen wird weitergeschoßen. Mein Gewehr stand neben dem Bett. Draußen zerstörten sie meine Stadt. Ich habe mich nicht gewehrt. Sie auch nicht.

Die Fensterscheibe ging zu Bruch. Man hörte Wimmern und Weinen... Dann sangen wieder die Vögel, und es regnete. Neben dem Bett stapelten sie Verletzte und Tote. Ihr sagten sie nichts. Mir sagten sie, ich wäre ein Dreckskerl, und daß ich wegen einer Frau meine eigene Mutter verlassen würde. Ich schwieg, wollte aber sagen... Dann fielen erneut Granaten. Wir liefen, sie und ich mit Laken bekleidet. Es war lustig und traurig zugleich. Stundenlang schwiegen und zitterten wir. Vor Angst. Vor Verlangen. Vor Kälte der hereinbrechenden Nacht. Dann öffnete ihre Mutter die Kellertür, und es war alles wie vorher. Schützengraben und Gewehr. Eine Mahlzeit am Tag und der Befehl: Ihr dürft sterben, aber die anderen dürfen nicht durchkommen. Gott, falls Du eine Seele hast, mach etwas. Es ist Krieg!

BOSTON, AMERIKA

Hallo, hier Boston, Amerika. Ist dort Sarajevo?... Die üblichen Phrasen und Fragen. Wie sieht es aus?... Wieder Artillerieangriff auf die Stadt... Warum schießen die auf ihr Volk, fragt Boston, Amerika. Weil sie überzeugt wurden, daß ihre Heimat Serbien ist, und nicht Bosnien... Wir haben uns nicht verstanden, sagt Boston, Amerika, und erklärt, die Granaten, die auf die Stadt fallen, seien nicht diejenigen, die Sarajevo sieht... Entsetzen und Unglauben. Namenslisten derer, die hinter den Kanonenrohren stehen. Die kommandieren und den Finger am Abzug haben. Hinweis auf Fernsehaufnahmen. Es hilft nichts. Nicht mal ein Witz auf eigene Kosten. Die Stimme wird aufgeregt, dann Flüche und plötzlicher Zusammenbruch der Leitung... Eine Stunde später läutet wieder das Telefon, wieder Boston, Amerika: Vielleicht ist es so oder ähnlich in Sarajevo, aber mir ist das jetzt nicht wichtig. Wissen Sie, dort in der Straße... in der seit Tagen das Telefon nicht mehr funktioniert... Ein Rennen zwischen Granaten und Scharfschützen. Die Dame reifen Alters, die vielleicht keine notwendigen Medikamente hat, sieht zufriedenstellend aus. In der Wohnung ohne Wasser, Strom und Telefon mit einem Minimum an Lebensmittelreserven kommentierte sie lächelnd die Worte ihres Bruders aus Boston. Was weiß er, wer die Stadt angreift? Alter Dummkopf, sagte sie. Ihnen wird dort allerhand Blödsinn erzählt... Und weiter sagt sie, daß sie weder nach Belgrad noch nach Boston wolle. Aber das Alter, die Krankheit, Entbehrungen... Wenn es möglich ist, dann nächste Woche, bis sie noch einiges erledigt, ein paar Sachen gepackt und den Nachbarn Bescheid gesagt hat...

Es regnet wiederum, und die Tschetniks schießen von den anliegenden Bergen. Auf Umwegen zum Hotel "Bristol". Vier Reisetaschen und der schleppende Gang der Dame reifen Alters. Bekannte und Diensthabende von dieser und von jener Seite der engen Holzbrücke werden noch zwanzig Minuten warten. So war es gestern abgesprochen, aber die Krücken, auf die sich die Dame stützt, und ihre Taschen... Schneller! ruft der Mann mit dem Gewehr, als er uns sieht... Sie, gnädige Frau, langsam und nicht umdrehen, und du hier hinter die Ecke. Die Taschen tragen bis zur Brückenmitte diese zwei und weiter die anderen. Und ich sage dir, fügte er zornig hinzu, bringe mir niemanden mehr hierher. Das haben dir die anderen auch gesagt... Ich gebe ihnen eine Flasche Whisky und eine Stange Marlboro...

Nach drei Tagen das Telefon. Die Dame. Aus Belgrad. Ihr geht es gut. Einige kleine Schwierigkeiten gab es. Auf einer der Barrikaden haben die Tschetniks... Sie bedankt sich und wünscht mir Glück. Weder an diesem noch an den folgenden Tagen kam aus dem Telefonhörer: Hallo, hier Boston, Amerika.

DER BRIEF

Seit Monaten gibt es keinen Briefverkehr. Telefone funktionieren nicht. Ebenso wenig wie der Bus-, Zug- oder Flugverkehr. Für Autos gibt es kein Benzin, und selbst wenn... Man kommt nicht aus der Stadt hinaus. Und nicht zu uns herein. Keine Nachricht kann ich schicken. Kein einziges Lebenszeichen. Trotzdem habe ich heute einen Brief geschrieben. So wie gestern. Und vorgestern. Und wie all die Tage der totalen Blockade der Stadt. Ich habe ihn in eine große Plastiktüte getan. Von dieser trenne ich mich nicht mehr. Denn als die Wohnung niederbrannte, verbrannten in ihr einhunderteinundvierzig Briefe. Zähle die Tage danach und du weißt, wie lange wir uns nicht gesehen haben. Lies die übriggebliebenen Briefe und du weißt... daß wir die falschen Bücher gelesen haben. Die falschen Schulen besucht, falsche Leute gekannt und geachtet haben... Es gibt kein einziges Foto mehr, keine Kleinigkeit, die mich an etwas erinnern könnte. Keine Schallplatten und Kassetten. Sogar die Haarlocke... Das Feuer war groß und griff schnell um sich. Niemand hat versucht, es zu löschen. Ich kam später. Hörte, was sie mir erzählten. Nichts sagte ich. Vergoß keine Träne. Glaube mir. Ich verbarg mich hinter der Mauer, als sie anfingen, aus den Luftabwehrgeschützen zu schießen. Später hörte die Schießerei auf. Es fing an zu regnen. Ich stand weiterhin an der Mauer. Allein. Dann ging ich zum nahegelegenen Bunker. Dort verbrachte ich die Nacht. Und einige darauffolgende. Danach von einem Bekannten zum anderen. Einer gibt mir eine Unterhose, der zweite ein Hemd, vom dritten bekomme ich Socken... Hauptsache, mir geht das Papier nicht aus. Und daß ich die große Plastiktüte nicht verliere... Ach, beinahe hätte ich es vergessen: Heute starb Mustafa. Er war krank. Tagelang hat er sich ohne Medikamente gequält. Von nirgends ein Schuß oder eine Granate, oder, wie er sagte, wenn wenigstens der Blitz einschlüge... Noch haben wir ihn nicht begraben. Hacke und Schaufel haben die vom Wohnblock mitgenommen. Heute müssen sie sich um drei Tote kümmern. Holz und Särge fehlen, aber morgen wird es wahrscheinlich besser.

DIE KONSERVENBÜCHSE

Fünf Personen und eine Konservenbüchse. 250 Gramm Rindfleisch. Amira hat sie gebracht... Deswegen umarmen und küssen? Ihr danken? Fleisch!... Die Wohnungstür haben sie abgeschlossen. Für jeden Fall. Morgen werden sie essen. Nachts dürfen sie kein Feuer auf dem Balkon anzünden. Die Tschetniks könnten... Scharfschützen besonders... Nachbarn könnten denken, sie würden denen von den Bergen Zeichen geben. Über Radio, solange es Strom gab, hörten sie, daß an einem Tag ein Dutzend solcher Leute verhaftet wurden. Man soll nicht mit dem Feuer spielen... Jeder bot sein Rezept an. Kochen, braten, kleinschneiden. Besser sind große Stücke. Die Mutter lachte. Sie wußte, daß sie die fünf Kartoffeln, die Fejim ihr gegeben hatte... Sie zuckte zusammen... Fünf Kartoffeln. Drei Zwiebeln. Zwei Kilo Mehl und eine Handvoll Salz. Er hatte ihr gesagt, für ihr Alter und in Anbetracht des Krieges sehe sie noch sehr gut aus. Er beobachte sie schon seit langem und warte. Die beste Frau im Viertel. Sie hatte nichts gesagt. Auch später nicht, als statt Fejim "Freunde" kamen... Sie begutachtete die mitgebrachten Sachen. Und verdunkelte die Fenster. An die Kinder und den Mann in dieser Wohnung dachte sie nicht. Auch nicht an den Krieg. Auch nicht an das, was war. Und an das, was geschehen könnte... Verletztheit, Ekel, Trauer und der Wunsch, sich auszuweinen, waren überraschend schnell verschwunden. So schnell, daß sie sich wunderte. Ihr war, als ginge sie wieder ins Büro. Als arbeitete sie Pläne und Ideen aus... Sie fuhr auf, als ihre Söhne immer noch unter Jubelgeschrei mit dem Vater die Konservenbüchse übers Parkett rollten und sich dabei lachend erzählten, was im Hof an Kriegsglück und -unglück passiert war. Sie fand Amira im Bett. Zärtlich legte sie ihre Hand auf die Bettdecke. Der Körper der Sechzehnjährigen rückte weiter weg, hin zur Wand. Sie versuchte das Haar zu streicheln. Schnell verschwand der Kopf unter der Decke. Dann ein lautes Schluchzen, schließlich Weinen. Langsam führte die Mutter ihre Hand unter die Bettdecke. Sie streichelte die sanfte, fast kindliche Haut. Amira wehrte sich nicht. Auch dann nicht, als sie sich neben sie legte und zuerst der Tochter und dann sich selbst die Tränen wischte... In dieser Nacht wurde nicht geschossen. Nicht einmal in der Ferne. Die Söhne brachte der Vater zu Bett. Sie überprüfte nicht, ob sie gut zugedeckt waren. Sie streichelte Amiras Gesicht. Die Haare. Den Körper. Als wollte sie den Schmutz davon abwaschen... Amira hielt still. Für Augenblicke hatte es den Anschein, sie würde schlafen... Leise begann sie: Sag ihnen nichts... Sag... sag, ich bekam es... oder... Beide fingen an zu weinen. Leise und dann immer stärker... Der Vater fand sie im Bad. Amira übergab sich. Die Mutter hielt ihren Kopf und weinte. Er fragte nichts. Er sagte nichts. Aus der Küche brachte er die letzte Flasche Wasser und wusch das Gesicht seiner Tochter... Später sagte er zu seiner Frau: Es ist Zeit, daß wir diese Stadt verlassen.

EIN TRAUM

Ein Café in einer Stadt, die längst den Krieg vergessen hat. Zeitungen und lärmende Gäste. Ich bemühe mich, aber es geht nicht... Nicht einmal die Nachrichten aus Sarajevo. Nicht einmal das Gespräch mit einem vorbeigehenden Bekannten. Nicht einmal ein Kreuzworträtsel. Auch nicht der Blick eines Mädchens... Ich kann nicht unterscheiden, ob sie ein wenig Zärtlickeit sucht oder für wenig Geld... Ich bestelle ein Getränk. Dann noch eins... Ein doppeltes. Es geht nicht. Die Bilder reihen sich von selbst... Vater und Mutter fliehen vor wütenden Hunden... Seit acht Monaten habe ich sie nicht gesehen. Auch nicht geträumt... Die Mutter stürzt. Sie kann nicht weiter. Vater schreit: Lauf! Du mußt! Deine Beine können dich tragen! Anstelle von Blutgefäßen habe ich Plastikum... Wir müssen nicht fliehen! Das sind unsere Hunde, ruft Mutter... Mich gibt es in diesem Traum nicht, aber ich höre meine Stimme: Unser Hund hieß Prljica. Du weißt doch, daß Sanjin nicht erlaubt hat... Die Kellnerin fragt, ob ich noch etwas zu trinken möchte. Durch das Fenster des Cafés beobachte ich die Passanten. Ob jemand von ihnen Träume deuten kann?... Mutter sagte mir im Traum: Ich habe dich geboren. Ich erteile dir und deinem Bruder die Genehmigung zu gehen, wann und wohin du willst.

Vater erwiderte der Mutter: Zumra, wir sind nicht der Staat. Wir erteilen keine Genehmigungen. Mutter zog ein Foto aus ihrem Busen. Darauf waren Sanjin und Nino. Sie küßte das Bild und verbrannte es anschließend... Du mußt deinen Sohn und den Sohn deines Bruders herbringen! Lebendig und gesund. Damit ich sie umarme und küsse, bevor ich sterbe, sagte sie... Das Mädchen, von dem ich nicht wußte, ob es ein wenig Zärtlichkeit oder... stand hinter mir und erzählte etwas. Ich begriff, es ging um ihre Schwester, und daß sie mich kennt. Kannst du Träume deuten? fragte ich. Warum? antwortete sie und setze sich. Ich schob ihr zu trinken hin. Sie nickte und steckte sich eine Zigarette an. Dies tat sie genauso wie mein Vater... Bekleidet wie ein Partisan im vergangenen Krieg, ging der Vater mit einer Zigarette in der Hand um mich herum. Leise sagte er: Bringe deinen Sohn niemals mehr hierher. Bosnien ist schön. Aber wild und blutig. Vergiß das nie und sage es auch deinem Bruder! Bosnien darf man nur aus der Ferne lieben... Immer stärker blies der Wind. Das Bellen der wütenden Hunde kam näher. Mutter schrie dem Vater zu: Hakija, beeile dich! Das Wetter schlägt um!... Ich muß dem Sohn Bescheid geben, sagte der Vater... Wie wäre es, wenn du mich zum Mittagessen einladen würdest, sagte das Mädchen. Ich bin nicht hungrig, antwortete ich. Ich auch nicht, entgegnete sie, aber ich muß dir etwas erzählen. Gib mir deine Hand... Siehst du, hier steht geschrieben, daß deine Eltern leben. Daß sie noch lange leben werden. Sie schloß fest meine Hand, drückte sie... und sah mir in die Augen. Ich kann nicht aus der Hand lesen. Auch keine Träume deuten. Aber dich kenne ich, sagte sie... Ich schwieg und wartete. Eine Träne rollte über ihr Gesicht. Dann noch eine... Euer Haus haben sie ausgeplündert und niedergebrannt, sagte sie leise. Meine Brüder... Deine Eltern sind in der Nacht zuvor geflohen. Du kannst sie finden... Ich schwieg... Ich war nicht dort, sagte sie. Ich habe es von meiner Schwester erfahren. Auch sie ist geflohen... Meine Schwester hat dich sehr geliebt. Es ist schon zehn Jahre her. Damals war ich noch ein Kind. Aber ich erinnere mich. Du hast nichts gemerkt, und sie hatte Angst. Die Brüder haben... Sie ließ meine Hand los. Verzeih, sagte sie, unsere Brüder haben wir uns nicht ausgesucht. Als ich dich sah, wollte ich weglaufen, dann... Früher oder später müssen wir... Verzeih, wenn du kannst, sagte sie und stand auf... Einige Augenblicke stand sie so, dann fügte sie hinzu: Ich gehe dort nie mehr hin... Ich sah zu, wie sie fortging. Langsam und lustlos. Sie blieb in der Tür stehen. Dennoch drehte sie sich nicht um, und ich konnte ihr nicht hinterhergehen. Ich konnte ihr nicht sagen... Wer weiß, ob ich noch jemals mit den Ihrigen sprechen kann?

VOR ALLEM FÜRCHTE ICH MICH

Ich reichte ihm die Hand zum Gruß. Im selben Moment wurde ich rot... Es ist nicht deine Schuld, sagte er... Schwer, sich daran zu gewöhnen. Auch ich bin drauf und dran, nur kann ich nicht... Entschuldige, begann ich. Zünde mir eine Zigarette an und komm näher, sagte er... Durch die Augen "sprach" er, wann ich die Zigarette in den Mund stecken und wann wieder herausnehmen sollte... Ich werde dich als ständigen Assistenten einstellen, du bist besser als alle Krankenschwestern zusammen. Wenn du noch Titten und einen runden Hintern hättest... Er lachte und erkundigte sich nach alten Bekannten. Ich fragte ihn nach Frau und Tochter. Ihnen geht es gut, sagte er. Sie sind draußen bei Verwandten. Noch wissen sie nichts davon... Je später sie es erfahren, um so besser. Die Trauer kommt noch früh genug... Was kann ich tun? fragte ich. Im Moment nicht mehr als du schon machst, antwortete er. Daß du gekommen bist. Meine Zigarette hälst... Er lächelte. Erinnerst du dich noch, wie wir uns als Pennäler verarscht haben: Würdest du ihn mir halten, wenn mir eine Granate die Hände weghaut?... Ich lächelte bitter... Siehst du, jetzt hast du die Gelegenheit, dich zu bewähren, sagte er fröhlich... Langsam führte ich ihn zur Toilette. Unterwegs erzählte er mir, sie hätten ihm wenigstens eine Hand retten können, wenn Strom dagewesen wäre, als sie ihn in die Klinik gebracht hatten... Langsam zog ich seine Unterhose herunter, denn an den Schenkeln und an den Füßen hatte er immer noch Wunden... Drücke ihn mir nicht zu fest, sagte er. Wir lachten, während wir aufmerksam zusahen, wie der Urin das Becken füllte, aus dem er nur langsam abfloß... Hej, bring ihn näher ran! Es spritzt!... Siehst du, seit Tagen habe ich nicht gepißt, weil ich auf dich gewartet habe... Ich machte mich daran, ihm die Unterhose hochzuziehen. Hej, brüllte er. Willst du ihn mir nicht schütteln? Du weißt, das ist das Geilste am Pinkeln bei Männern. Deswegen erlaube ich den Krankenschwestern hier nicht, daß sie ihn halten. Das kapieren die einfach nicht... Zufrieden, Chef? fragte ich. Auftrag hervorragend gelöst, Mann. Hervorragend! Ich umarmte ihn. Vorsichtig, dennoch fest. Ich wollte ihm sagen... Statt Worte flossen ihm und mir die Tränen... Unser Lachen und unsere Freude... Und wie wir uns gegenseitig verarscht hatten... Das alles ist im Arsch, mein Alter! flüsterte er. Ich fürchte mich! Ich fürchte mich wahnsinnig vor dem beschissenen Leben. Vor Leuten. Vor Einsamkeit... Vor meinen verkrüppelten Armen. Vor allem und jedem fürchte ich mich... In der Tür erschien der diensthabende Arzt. Langsam gingen wir in Richtung Zimmer... Alter, sagte er, ich wünschte, du würdest wiederkommen. Wenn du nicht kannst, erinnere dich wenigstens... Ich strich ihm über die Haare und lehnte meine Stirn an die seine... Ich konnte nichts mehr sagen.

Mein Hals war ganz trocken, und die Lider flimmerten, um einen neuen Schwall Tränen aufzuhalten. Am Ausgang drehte ich mich nur kurz um und versuchte zu lächeln.

DER DRITTE KRIEG

Des Professors dritter Krieg. Im ersten wurde er gerade geboren. Im zweiten war er Partisan. In diesem dritten, dem bosnischen, ein verlorener alter Mann... Jahrzehntelang hatte er geglaubt, im zweiten Weltkrieg auf der Seite des Rechts gekämpft zu haben. Dann begannen sie ihm einzureden, daß sein Kampf gar nicht so war, wie er es sieht und erlebt. Er legte dar, daß er gegen den Faschismus gekämpft hat, daß er niemals jemand verraten hat. Daß er mit Tschetniks und Ustaschas nicht konnte, weil diese an Hitlers Seite standen. Daß er weder Serben noch Kroaten gehaßt hat, auch Muslime nicht... Dann gab er auf. Er kehrte zurück zu seinen Büchern und zur Geschichte Bosniens... Beim ersten Angriff auf Sarajevo befand er sich gerade in einem von Tschetniks nicht besetzten Stadtteil. Die Kinder blieben im anderen Teil. Er rief sie an. Vom zweiten Weltkrieg erzählte er. Sie sagten ihm, es ginge ihnen gut und es gäbe keinen Grund zur Besorgnis. Später sagten sie, die Lage wäre komplizierter, und bei der nächsten sich bietenden Gelegenheit zur Ausreise... Dann hob niemand mehr ab, und die Nachbarn sagten, sie wüßten nichts... Die Leute machen einen Fehler, dachte er, als er zum ersten Mal von den Flüchtlingen hörte. Als ihm die Geschichte über die Vernichtung kompletter Familien vor Augenzeugen zum dritten Mal wiederholt worden war, hörte er auf, Nahrung zu sich zu nehmen. Auch Wasser trank er nicht, Medikamentenreserven verteilte er an die Nachbarn. Tagelang irrte er durch die Stadt, ohne irgendwas oder irgend jemanden zu beachten. Er schlief da, wo ihn die Nacht überraschte... Schließlich ging er zu der Brücke, die den freien vom besetzten Stadtteil "trennt". Mit Zetern und Geschrei schickten sie ihn zurück. Er ging zum "anderen" Übergang. Auch dort schickten sie ihn fort, ohne sein Bitten anzuhören, daß er die Gräber seiner Kinder sehen müsse... Er ging langsam, so als hörte er nicht die Granaten, die in der Nähe explodierten. Etwa hundert Meter von unserem Gebäude setzte er sich auf den Bürgersteig, als wollte er sich ausruhen. Dann legte er sich hin wie ein Mann, der nach anstrengender Arbeit endlich das Bett erreicht... Die Frau, die alles vom Eingang des Nachbarhauses beobachtet hat, kam vor mir an. Aber er war bereits tot, sagte sie. Er muß vor Erschöpfung oder Hunger gestorben sein. Kann ein Mensch vor Trauer sterben? fragte ich. Heute ist alles möglich , antwortete die Frau und ging, um die anderen zu benachrichtigen, daß noch ein Toter begraben werden muß.

UNTERSTÜTZUNG

Sie rufen von allen Seiten an. Tag und Nacht. Dienstlich und privat. Was geschieht dort? fragen sie. Was ist mit den Ihrigen? Wie können sie helfen?... Haltet durch, teilen sie mit. Laßt nicht zu, daß... Schneidet ihnen die Logistik aus Serbien ab... Geduldig haben wir geantwortet und erklärt. Auch denen, die behaupten, die Schuld liege bei uns. Daß wir uns selbst beschießen und verstümmeln würden. Daß wir die Serben und Serbien ein wenig mehr lieben müßten. Der Unterschied zwischen Serben und Tschetniks ist gewaltig, antworteten wir... Dann haben sie davon geschrieben. Sie erzählten es anderen und die wiederum dritten. Dann haben sie uns Pakete mit Lebensmitteln, Medikamenten und Zigaretten geschickt. Unsere Kinder aufgenommen und versorgt, unsere Frauen, Mütter, Schwestern... Auch uns haben sie gerufen. Sie haben zusammen mit uns in Wien, Sidney, Los Angeles, Zagreb, Paris, Rijeka, Oslo, Ljubljana und in Belgrad geweint... Wir hatten den Eindruck, der gesamte Erdball würde weinen, aber wir verloren weiterhin unsere Köpfe, Beine, Arme, Augen. Weiterhin wurden unsere Mütter, Schwestern, Frauen, Töchter vergewaltigt. Weiterhin waren wir hungrig, durstig, krank, schmutzig. Unsere Wohnungen und Häuser brannten. Die Kinder wurden Waisen und Krüppel... Als sie uns die Telefonleitungen durchschnitten, kam Unterstützung über die Massmedien. Proteste. Meetings. Debattierklubs. Hilfskonvois rollten an. Lebensmittel und Medikamente. Auch die Suggestion einer gerechter Verteilung der Hilfslieferungen. Einen Teil auf diese, den anderen Teil auf die andere Seite der Frontlinie, übermittelten sie uns. Hunger ist Hunger. Ebenso Elend und Krankheit. Wir akzeptierten. Teils weil wir keine Wahl hatten, teils weil wir geglaubt hatten... Dann begriffen wir, daß der Unterschied zwischen Opfer und Angreifer immer kleiner wurde. So klein, daß mein Freund den Eindruck hatte, die Humanität hätte den Krieg ausradiert. Er schloß sich einem Konvoi Richtung Split an, denn sein Gesundheitszustand... An der Barrikade befahlen ihm Tschetniks, aus dem Bus zu steigen... Die Begleiter protestierten, aber... Sie führten ihn unbekannte Richtung fort, protokollierte ein Konvoibegleiter. Nicht einmal nach fünf Stunden Warten wurde er zurückgebracht. Wir mußten losfahren... Wir haben uns überall erkundigt. Er ist nicht unsere einzige Sorge, teilte uns ein hoher Funktionär der Hilfsorganisation mit. Wir retten Tausende Menschen, und ihr fragt uns immer das gleiche... Danke, sagten wir... Zwei Monate später sagte ein Mann, der dank eines Austauschs aus einem Gefangenenlager von den Tschetniks entlassen wurde: Ja, ich kannte ihn. Er starb am fünfzehnten Tag. Er konnte die Schläge, die Mißhandlungen, Erniedrigungen nicht mehr ertragen. Er mußte seinen und fremden Urin trinken.. Er mußte wie ein Hund bellen und wie ein

Ochse brüllen.. Zweimal haben sie ihm die Finger der linken Hand gebrochen. Auch die Gitarre haben sie auf seinem Kopf zertrümmert. Er soll sich merken, hatten sie gesagt, daß jeder, der gegen sie singt... Wir erzählten alles, was wir gehört hatten, dem hohen Funktionär der Hilfsorganisation. Er sagte: Mein Beileid, und gut, daß wir endlich erfahren haben, was passiert ist. Andere wissen nicht einmal das. Wir sagten danke und ließen die Absicht fahren, der Welt mitzuteilen, was mit unserem Freund passiert ist.

ALLES, WAS SIE SAGTE

Ihren Schmuck nahm sie ab bei den ersten Schüssen, die durch Sarajevos Straßen hallten. Einen Teil wickelte sie ins Tuch und steckte es an die Brust, den anderen Teil... Auch uns befahl sie, das gleiche zu tun. Im Krieg, sagte sie, kannst du nur überleben, wenn du Reichtümer besitzt, du darfst sie allerdings nicht zeigen. Insbesondere nicht den Schmuck und das Geld. Und ebenso wenig die weiblichen Reize. Auch männliche Kraft und Mut nicht. Dies ist ein Grund, daß Köpfe rollen... Wir lachten. Wegen fünf Schüssen? Nach so vielen Friedensdemonstrationen?... Bei einer Menge Waffen verwandeln sich die Menschen in Bestien, fuhr sie fort, als ob wir nichts gesagt hätten. Dann senkt sich Finsternis auf ihre Augen. Nur wenige denken mit dem eigenen Kopf. Wenn alles vorüber ist, bleiben nur Helden. Die Leidenden und die Mörder werden von der Zeit beiseite gedrängt... Am nächsten Morgen schickte sie ihre Töchter, Schwiegertöchter und Enkel weg... Die erwachsenen Männer blieben, um Häuser und Besitz zu schützen, solange es nicht zu gefährlich war... Krieg ist Handel, sagte sie zu ihnen. Was nützt es, wenn du etwas billig kaufst, was du nicht gebrauchen und auch nicht weierverkaufen kannst? Was nützt es schon, wenn du im Krieg deinen

Besitz bewahrst und dabei deinen Kopf verlierst?... Für Munition und Gewehre gab sie Gold und Geld. Aber sie erlaubte niemandem von uns, an die Front zu gehen. Jemand meinte, das sei nicht redlich. Ist es redlich, wenn ich ohne Kinder und Enkelkinder bleibe? fragte sie... Dann kaufte sie Gutachten und Atteste von Ärztekommissionen... Befehlshaber und Funktionäre, die unsere Bescheinigungen über Untauglichkeit für den Militärdienst anzweifelten. Unsere Wohnungen und Häuser gab sie Flüchtlingen, uns nahm sie aber bei sich auf... Endlich kam sie zu dem Schluß, daß es höchste Zeit wäre, die Stadt zu verlassen. Wir wollten nicht. Ein wenig aus Angst. Ein wenig aus Scham. Wir stritten uns einen, zwei Tage. Es half nichts. Nur über ihre Leiche würden wir in der Stadt bleiben - und was wäre, wenn unsere Familien in der weiten Welt auf sich selbst gestellt sind? Die Hälfte unseres Freikaufs und des Geldes für sicheres Passieren der Barrikaden trugen wir, die andere Hälfte gab sie, als wir mitteilten, wir wären in Sicherheit. Ahmo kam als erster hinaus. Sobald er draußen war, mußte er über den verbindungsmann, der ihn hinausführte, ein versiegeltes Päckchen schicken, welches sie ihm beim Abschied gegeben hatte. Nur um den Mann zu überprüfen, hatte sie gesagt. Drinnen befindet sich ein größeres Vermögen, als der gesamte Preis für euer Hinauskommen. Morgen geht Midhat, dann könnte Namik... Namik wollte sie als ersten schicken. Dann als zweiten. Dann als dritten. Bei ihm war sie immer hin- und hergerissen. Einzig ihm hat sie niemals Vorwürfe gemacht, wenn er nicht in die Moschee ging und den Ramadan nicht ganz einhielt. Seit seiner Geburt wollte sie ihn ständig in ihrer Nähe haben. Und er blieb bei ihr. Als der Krieg jedoch ausgebrochen war, blieb er immer öfter weg. Tagsüber und nachts. Sie wurde müde vom Warten, sagte aber nie etwas... An jenem Abend verließ Reuf die Stadt. Sie verabschiedete ihn mit den Worten: Wenn ich nur noch Namik unterbringe... Weiter sagte sie: Sei vernünftig. Nicht, daß ihr euch da draußen in der weiten Welt streitet und zankt... Zwei, drei Stunden später ging sie an die vorderste Front. Gekleidet wie zum Bajramfest. Ich bringe Essen für die Verteidiger, sagte sie zu Namik, als er sie böse ansah...

Also, du und ich bleiben, fuhr sie leise fort. Ich bin zu alt, um noch wegzugehen, aber du... Irgend jemand muß auch die Stadt verteidigen, sagte er. Das stimmt, antwortete sie und strich ihm übers Gesicht. Er riet ihr, sie solle nach Hause gehen. Sie erwiderte, er sei nun ihr Zuhause. Alles, was ihr Mann ihr am Sterbebett aufgetragen hatte, hat sie nun erfüllt. Nur ihn, den ältesten Enkel, konnte sie nicht... Du bist deinem Großvater wie aus dem Gesicht geschnitten, sagte sie. Eigenwilliger Träumer...

Sie sagten ihr, sie müsse nun die Stellung verlassen, denn ein Angriff stand unmittelbar bevor... Laßt mich nur noch meinen Enkel umarmen und küssen, sagte sie. Namik war im Begriff, sie zu begleiten... Die Granate fiel zehn Meter von ihnen entfernt. Wenn sie im Graben geblieben wären... Eine Woche später kam über die bekannten Kanäle ein Brief an. Im Falle meines Todes, schrieb sie...

IRRTUM

Irrtum oder Absicht? Ein Mensch oder ein Monster? Ein Freund, der nur per Zufall hineingeraten ist, oder ein Profi, der auf Befehl zum Freund wurde? Ein Nachbar "von nebenan", oder ein Bluthund, dem nicht zu glauben ist?...

Als sie den Schlüssel zur Nachbarwohnung von mir verlangten, war ich ein wenig beleidigt. Sie kommen auch mit, sagten sie. Wir müssen einen Bericht über die Gegenstände anfertigen, die wir in der Wohnung finden... Seine Familie ist verreist? fragten sie. Ja, antwortete ich. Vor acht Tagen, und er war die letzten drei, vier, Tage beschäftigt... Das wissen wir, sagten sie, während sie die Schränke durchwühlten... Ich nahm eine Zigarettenschachtel aus meiner Tasche. In diesem Augenblick warf mir der junge Mann, der das Bett durchsuchte, eine Stange in Sarajevo hergestellter Zigaretten, Marke "Drina", zu. Hier, rauch' auf Nachbars Kosten, sagte er bissig und wies auf das Fach, das fürs Bettzeug bestimmt war. Es war voll Zigaretten. Auch ich besitze Vorräte an Zigaretten, Essen und Getränken, sagte ich mehr für mich. Hoffentlich haben sie nicht die Standardform wie bei den Tschetniks, sagte er und begab sich ins Badezimmer... Ich fühlte, wie ich zu schwitzen begann. Als sie zwei Pistolen hervorbrachten, dachte ich...

Beim ersten Gewehr wurde ich bereits wütend. Beim zweiten und bei zwei Bomben... Wie kann das nur möglich sein? fragte ich halblaut. Sie werden doch wohl nicht behaupten, wir hätten das mitgebracht, antwortete der junge Mann in Uniform. Den Wohnungsschlüssel hatten er, seine Ehefrau und Sie... Ich schwieg... Der andere Mann brachte noch vier Gewehre aus dem Badezimmer. Mir blieb die Luft weg. Ich stand auf und schenkte mir ein Glas ein. Wenn Sie schon dabei sind, könnten Sie uns auch etwas anbieten, sagte der Mann, der die Gewehre brachte. Schließlich sind Sie ja eine Art Hausherr in dieser Wohnung. Während ich eingoß, zitterten meine Hände. Warum haben Sie Angst? fragte der junge Mann in Uniform. Wir wissen, daß die Waffen nicht Ihnen gehören. Ich nahm einen Schluck, dann leerte ich das ganze Glas Cognac auf einmal. Er hat die Wachen und Bereitschaftsdienste in unserem Hauseingang organisiert, sagte ich. Wenn er Wache schob, hat er sich immer vom Nachbarn eine Pistole zum eigenen Schutz geliehen. Und immer hat er behauptet, in unserem Haus würden sich Angehörige der Fünften Kolonne und Verräter befinden, die denen auf den Bergen Signale geben. Er war wütend auf die Tschetniks und erzählte immer, wie sehr er sie haßt. Ich redete wie aufgezogen, unterbrach mich nur, um ein neues Glas zu leeren.

An diesem Tag ging das Gerücht von dem Waffenarsenal durch die Nachbarschaft. Von einem Verräter in den eigenen Reihen. Von dem Nachbarn, der uns verraten hat. Ich verkroch mich in meine Wohnung. Wollte es einfach nicht glauben.

So viele Jahre Freundschaft und gemeinsames Leben...

Am nächsten Tag brachte die Zeitung eine Nachricht über einen Mann, der versucht hatte, in der Stadtbäckerei Sprengstoff zu legen. Einer der Initiatoren des Tschetnik-Terrorismus in Sarajevo, stand unter dem Foto meines Nachbarn und Freundes.

DER HELD

Endlich ist er ausgetauscht worden. Zwar blind, aber lebendig. Er kann gehen, ist aber ohne Hände. Er wartete, um unsere Stimmen zu hören. Wir schluckten und schauten ungläubig. Wir umarmten die Reste des Stärksten und Fähigsten unter uns. Wir versuchten, fröhlich zu sein. Er nicht. Vom Kasettenrecorder spielten wir ein Lied, das ihm zu Ehren verfaßt worden war. Er sagte, wegen dieses Liedes sei er verstümmelt worden. Jemand sagte, Hauptsache, du bist am Leben. Alles andere wird viel besser, als du jetzt glauben magst. Er sagte, die Arme haben sie mir mit Draht festgebunden und eine aktivierte Bombe in die Hände gelegt. Sie wollten mich nicht töten. Sie versorgten mir die Wunden, als ob ich ihr nächster Verwandter wäre. Wir teilten ihm mit, er hätte die höchste Auszeichnung bekommen, die ein Verteidiger der Stadt erhalten kann. Er hat nicht von uns verlangt, diese zu beschreiben. Stattdessen wollte er wissen, wie es geschehen konnte, daß er an jenen Abend des Durchbruchs allein gelassen wurde... Wir sagten, es war ein Mißverständnis. Die anderen Einheiten hätten sich verspätet. Nur fünf Minunten. Sie ließen mich durch, ließen zu, daß ich fünf ihrer Männer töte, dann haben sie mich gefangengenommen, weil mir niemand den Rücken deckte.

Und er fragte, warum wir nicht geschossen haben, als er gefangen wurde. Wir wollten, daß du am Leben bleibst, antworteten wir. Nun habt ihr mich lebendig, sagte er ärgerlich. Aber wißt ihr denn, was ihr mit mir anfangen sollt?... Wir schwiegen, wir, seine Eltern, seine Schwester und seine Nachbarn, die gekommen waren, um den Helden zu begrüßen. Wir schwiegen, obwohl wir so viele vorbereitete Worte hatten, während wir auf den Austausch warteten. So viele Geschenke, unerzählte Ereignisse und Witze. So viel neues Leid und neue Freude. Nichts von alledem konnten wir vermitteln. Wir wußten nicht, wie. Er ebenfalls nicht... Wir werden auf dich achtgeben und dich beschützen, sagte jemand, um das Schweigen zu brechen. Ein Mann kam hereingelaufen und rief: Das Rathaus brennt wieder! Die Tschetniks greifen von der Vrbanj-Brücke an! Wir liefen grußlos hinaus... Später fiel uns ein, daß er nicht allein in den Schutzkeller kann... Wahrscheinlich helfen die Eltern und Nachbarn, sagte jemand. Wahrscheinlich, fügte ein anderer hinzu.

KATZE

Verdammte Hoffnung! Und verdammter Glaube an ein besseres Morgen, sagte sie. Wer weiß, wo ich jetzt sein könnte... Laß, sagte ich. Hauptsache, die Artillerie hat aufgehört... Warum hat sie aufgehört? Warum passiert das alles hier? fragte sie. Warum bemitleiden mich alle? Oder wissen vielleicht alle, was es für ein Gefühl ist, Sperma und Urin bis zur Erschöpfung schlucken zu müssen? Weißt du es?!... Ich weiß, sagte ich. Ich weiß! Du hast es mir erzählt! Aber ich will nicht weinen. Weder deinetwegen noch wegen diesem armen Kerl da draußen... Ich nahm sie bei der Hand und führte sie zum Fenster. Draußen fraß eine Katze von dem herausquellenden Hirn eines Mannes, den es erwischt hatte... Noch ein Mensch auf der Totenliste, sagte ich... Sie schrie hysterisch und übergab sich. Jag sie fort, brüllte sie. Jag sie fort! Vier Katzen hatten sich nun um das menschliche Hirn versammelt. Ich warf mit einer leeren Konservenbüchse nach ihnen. Nichts... Fatima hörte nicht auf zu schreien... Das größere Stück Holz tat mir leid... Dennoch, eine Katze traf ich. Die anderen sprangen zur Seite, kehrten aber wieder zurück. Der Hunger war stärker als die Angst... Zwei Männer kamen um die Ecke. Bewaffnet. Sie hielten an. Jeder von ihnen tötete eine

Katze. In dem zerfetzten Mann erkannten sie ihren Freund. Sie weinten... Ich wischte Fatimas Kotze weg. Wird das mal zu Ende sein? fragte sie... Morgen früh muß ich Wasser holen, sagte ich. Wir haben nur noch einen halben Liter... Vom Hof her hörte man ein Gebet. Sie begruben den zerfetzten Mann und rezitierten laut Koranverse für ein leichteres Leben in jener Welt. Und das Vergeben von Sünden und Schuld... Ich werde niemandem vergeben, nur dir, sagte sie. Du bist mein einziger Freund geblieben... Es riecht nach Schnee, sagte ich und ging hinaus, um nach dem geworfenen Stück Holz zu sehen, obwohl ich genau wußte, daß es ein Passsant als Geschenk Gottes mitgenommen hatte.

DAS ABENTEUER

Bekanntes Gesicht und Stimme. Und Zweifel... Wut. Übelkeit. Ein Berg Zigarettenkippen. Die abscheuliche Frage: Warum?!... Woher soviel Böses? Der Haß? An Ferkeln das Abschlachten von Menschen üben?... Schulterzucken. Aufzählung derFakten. Aufzeichnen von Schemen und Bewegungsabläufen. Die Bitte, die Eltern in Ruhe zu lassen, denn sie können... Nervöse Handbewegung auf die Frage: Haben auch andere... Langes Schweigen, eine möglichst bequeme Sitzhaltung auf der Holzbank suchen. Husten. Fotos anschauen, auf denen die Opfer wiedererkannt werden sollen... Ein kaltes Ja. Zwölfmal. Viermal Nein. Nie gesehen oder gehört... Die, die nicht auf den Fotos sind, können schwer beschrieben werden. Von einigen hat er sich die Namen gemerkt. Spitznamen. Einige konnte er in der Dunkelheit nicht gut erkennen... Das ist wie nach einer gelungenen Fete, du erinnerst dich, was geschehen ist, bist aber nicht sicher, ob du alle Teilnehmer wiedererkennen würdest, sagte er und sprach von einem Priester, der das, was sie taten, segnete... Er würde sich nie umbringen. Unwahrscheinlich, daß er sich ergeben hätte. Einige Dinge würde er nicht wiederholen. Aber einige... die würde er bis zur Erschöpfung wiederholen. Dann erzählte er von einem siebzehnjährigen Mädchen. Sie war blond und groß. Hat sich heftig gewehrt. Am ersten Tag mußte er sie fesseln. Erstaunlicherweise, sagte er, konnte sie laut die orthodoxen Gebete beten, obwohl sie in einem muslimischen Dorf aufgewachsen ist. Wenn sie nicht gewesen wäre... Die ersten drei Tage war sie zusammen mit den anderen gefangenen Frauen, aber niemand außer ihm durfte sie ansehen, geschweige denn berühren. Dann organisierte er ein einzelnes Haus. Eine ältere Frau beauftragte er mit Kochen und Aufräumen. Er kam jede Nacht. Brachte Essen, Schmuck, Kleidung... Sie wurde ein wenig gefügiger, besonders, als er versprach, ihre Eltern zu befreien. Weiterhin beantwortete sie nur seine Fragen, aber sie wehrte sich nicht mehr. Sie verfluchte nicht... In jener Nacht hallten Schüsse in der Nähe. Er hat nicht recht gewußt, ob er gehen sollte. Sie hat ihn zärtlich gestreichelt, zumindest war es ihm so erschienen. Er war geblieben... Dann waren sie ins Zimmer gestürmt. Bevor er nach seiner Waffe greifen konnte, hat er einen hefigen Schlag mit dem Gewehrkolben im Unterleib verspürt. Ihm blieb nur noch übrig, ihr mit seinen Händen den Hals zu brechen. Sie haben ihn geschlagen, aber es war schon zu spät, sagte er. Niemand nimmt sie mehr mit ins Bett... Der Hauptermittler rief die Wachen. Als sie ihn hinausbrachten, herrschte lange Zeit Stille im Raum. Und Zweifel. Und Angst vor weiterer Befragung. Vor einer erneuten Begegnung mit einem bekannten Gesicht, das durch nichts an das einstige erinnert.

ZUKUNFT

Die Zukunft, egal wie sie ausfällt, kann auch ohne mich, sagte er. Aber ich kann nicht ohne Zukunft. Im Schützengraben bin ich kein Mensch! Und weißt Du, warum?... Ich schüttelte den Kopf... Weil das Grab im Grunde ein zugeschütteter Schützengraben ist. Wer ist er? fragte ich flüsternd ich meinen Bekannten. Laß ihn, antwortete er... Die Geschichte ist voll von Kriegen, fuhr der unbekannte Soldat fort. Und von Toten, deren Namen und Herkunft unbekannt sind. Nur Nummern!... Er hielt inne und schloß die Augen. Ich dachte, er schläft ein. Aber einen Augenblick später sprang er auf und begann in Richtung der gegnerischen Stellungen zu schießen. Auch die von der anderen Seite fingen an zu schießen. Er wechselte den Standort. Als die Schießerei immer heftiger wurde, feuerte auch unsere Gruppe. Die übrigen saßen und warteten ab, wie sich die Situation entwickeln würde... Der mir unbekannte Soldat warf sein Gewehr beiseite und fing an zu lachen. Ich hab ihn erwischt! Mann, ich hab ihn erwischt, brüllte er. Noch einer von der Besatzungsmacht ist hin... Das Feuer ließ nach. Ich blickte meinen Bekannten an. Wenn keine größeren Operationen anliegen, schießen wir ein wenig. Nur so, damit wir nicht vergessen, daß Krieg ist, sagte er. Und reg dich seinetwegen nicht auf, fügte er hinzu. Manchmal rastet er aus, aber im Grunde ist er in Ordnung und befolgt die Befehle... Ich zuckte mit den Schultern... Bei Kriegsausbruch haben die Tschetniks seine Frau und beide Töchter, Zwillinge, in ein Lager abgeführt, fuhr er fort. Vor zwei Monaten holten wir über einen Gefangenenaustausch seine Frau und eine Tochter heraus. Die zweite ließen sie nicht gehen, weil wir nicht mehr Gefangene hatten... Das sechsjährige Kind haben sie einfach zurückgeschickt, als es der Mutter und Schwester folgte. Er hat alles mit angesehen. Nur mit Mühe konnten wir ihn beruhigen. In den folgenden Tagen, während neuer Gefangenenaustausche, suchten wir sie, doch die Tschetniks antworteten nicht auf unsere Anfragen. Damals nicht, und sie werden es auch heute nicht tun. Er glaubt, ein Freund von früher will sich an ihm rächen, auch ein Verwandter von ihm befindet sich unter den Tschetniks. Wer weiß?... Ich stand auf, um mich zu strecken. Bück dich, sagte mein Bekannter und zog mich zurück. Der Schützengraben kann dir wirklich zum Grab werden, wenn du dich an der Front so unvorsichtig reckst.

DER RING

Beim Sammeln von Brennesseln lernten wir uns kennen. Wir erklärten einander, wie man aus dieser uns bis gestern noch verhaßten Pflanze etwas Eßbares zubereiten kann. Meine Mutter war in diesen Dingen ganz versiert, sagte er, sie ist aber letzte Woche gestorben. Es ist Krieg, sagte ich und, es tut mir leid... Ja, es ist Krieg, antwortete er, aber ich habe ein kleines Kind, und meine Frau kann es nicht stillen... Die Schüsse kamen immer näher. Wir setzten uns in einen Granattrichter. Ich gab ihm eine halbe Zigarette. Danke... Ich hatte einen Mann gefunden, der bereit war, mir für einen Goldring mit einem Diamanten fünf Kilo Milchpulver, je zwanzig Kilo Mehl und Kartoffeln und zwei Liter Öl zu geben, sagte er langsam, den Zigarettenrauch einziehend. Hört sich verlockend an, sagte ich. Ja, antwortete er, aber meine Mutter wollte den Ring noch einen Tag tragen. Geschenk vom Vater zum ersten Hochzeitstag... Siehst du den Rauch an dem langen Haus dort? unterbrach ich ihn. Er blickte auf und nickte. Anscheinend brennt meine Wohnung, fügte ich hinzu. Da rechts? fragte er. Ich nickte. Zu spät, nichts mehr zu machen, meinte er und nahm noch einen Zug. Ist noch jemand in der Wohnung? Nein, die Meinen sind raus aus der Stadt... Ein Glück, sagte er nach kurzer Pause, danach warf er einen Blick auf die Zigarette, kam zum Schluß, daß sie wirklich zu Ende war, und warf sie weg. Wäre mir der Ring geblieben, dann hätte ich dich wenigstens zum Essen einladen können, fuhr er fort. So kannst du nur bei mir übernachten. Ja, sagte ich und wollte immer noch nicht glauben, daß dort drüben... Das ist unwirklich, sprach ich mehr für mich. So kam es mir auch vor, sagte er. Gerade als ich den Mann so weit hatte, bis morgen zu warten, weil sich meine Mutter nur schwer von dem Ring trennen konnte, da ging draußen die Schießerei los. Mutter bekam Angst und lief auf die Straße. Einen Augenblick blieb ich im Ausgang stehen. Als ich hinauskam, brachten sie sie bereits blutend in ein Auto. Nichts Schlimmes, haben diejenigen gesagt, die auf der Straße zurückblieben. Ein Granatsplitter hat sie am Kopf getroffen, aber sie ist am Leben... Eine Stunde später im Krankenhaus sagten sie, es täte ihnen leid. Sie starb auf dem Weg zur Chirurgie. Ich fragte nach dem Ring. Was für ein Ring? fragten die. Ein großer mit einem Diamanten, sagte ich. Die Verstorbene hatte keinen Schmuck bei sich, auch die Leute, die sie gebracht haben, hinterließen nichts, entgegneten sie... Wir teilten noch eine Zigarette und schauten weiter zu, wie Artilleriegranaten Stockwerk für Stockwerk des nahegelegenen Wohnblocks zerstörten.

SIE IST DENNOCH FORTGEGANGEN

Seit Tagen das unerträgliche Heulen von Artilleriegranaten. Schnellfeuer der Infanterie. Angst, Hunger, Kälte und ein Leben im Rattenloch. Die Welt ist auf unserer Seite, spricht die undeutliche Stimme, die aus dem Kofferradio dringt. Die Gerechtigkeit hat lahme Beine, zitiert jemand. Er soll still sein. Der Bericht aus Genf ist sehr wichtig. Dort wird das Schicksal Bosniens entschieden. Wichtig ist auch der Bericht aus dem Kampfgebiet. Und der über die humanitäre Hilfe. Alles ist wichtig, sagen andere, aber wir können nicht die ganze Nachrichtensendung hören. Die Batterien sind am Ende... Wir versuchen, zur Gitarre zu singen. Doch das gestern verfaßte Lied haben wir bereits vergessen. Auch die Freude über ihre Befreiung aus dem Lager der Tschetniks haben wir vergessen. Was ist das für eine Freiheit, fragte sie uns schon nach einem Tag. Ohne Strom, Wasser, Essen, Heizung. Immer im Keller. Was soll die Frage, antworten wir. Ist es nicht wichtig, daß du nicht mehr in Gefangenschaft bist? Ja, sagt sie und will wissen, wie sie aus diesem Stadtteil hinauskommt. Je eher und je weiter fort, umso besser... Natürlich ist sie vergewaltigt worden, antwortet jemand auf die Frage, die sie unbeantwortet läßt. Wozu hätten sie sie gefangengehalten?... Wühlt doch nicht in den Wunden, fügt ein Dritter hinzu. Hauptsache, es ist vorbei, meint ein Vierter... Sie verläßt den Keller. Wir hinterher. Wir erklären, daß die Menschen wegen der Einkesselung oft Unsinn reden. Daß Gerichte aus gekochtem Gras mit ein wenig Mehl und Salz gar nicht mal so schlecht schmecken. Man muß sich nur daran gewöhnen. Sie schweigt. Wir erzählen von Fronterlebnissen. Wie wir monatelang versucht haben, sie herauszubekommen. Sie weint. Sie sagt, drei Monate lang habe ich keine einzige Träne vergossen in der Hoffnung, daß mich hier wenigstens ein kleiner Teil meines ehemaligen Lebens erwartet. Sind wir kein Teil deines Lebens? fragen wir. Unsere Lieder? Unsere Späße? ...Lieder? wiederholte sie. Ich sehe und höre hier nichts, außer Tod und Leid, Hunger und Elend. Leere Geschichten von Freiheit, die auf einem weißen Pferd daherkommen wird. Ich brauche keine blendende Zukunft, sondern eine annehmbare Gegenwart... Wir schweigen einen Augenblick, dann sagte jemand: Es ist Krieg! Sie haben uns angegriffen, und wir verteidigen uns vor denen, die dich gefangengenommen, gefoltert, vergewaltigt haben... Da hat sie sich umgedreht und ist in den Keller zurückgegangen. An den folgenden Tagen sprach sie mit kaum jemanden. Sobald die Schießerei aufhörte, ging sie fort und kam gewöhnlich in der Dämmerung zurück. Zweimal brachte sie etwas Nahrung und Kleidung. Einmal sogar Zigaretten, und sie beschwerte sich auch nicht, als sie an der Reihe war, Feuerholz zu besorgen... Eines Morgens ging sie zeitig fort und kehrte nicht mehr zurück. Drei Tage brauchten wir, um dieses Weggehen mit der Abfahrt eines Hilfskonvois des Roten Kreuzes aus der Stadt in Verbindung zu bringen... Zwei Monate später trafen mit einem Journalistenteam eine Stange Zigaretten und ein Brief ein. Ihre Unterschrift und ihr Leid zusammengedrängt in fünf Zeilen. Ohne Adresse, ohne ein Wort, wie es ihr gehe. Nur der Wunsch, nie mehr diese Stadt zu sehen, und die Hoffnung, daß wir gesund und heil den Krieg überleben. Und die Bitte, nicht allzu streng über sie zu urteilen.

VERSUCHSLABOR

Sie kommen regelmäßig. Wir hoffen hartnäckig. Für sie Politik. Für uns Leben. Ihnen Heldentum. Uns Elend. Sie sehen zu und reden. Wir leiden und fürchten uns. Ihnen Gratulationen, Anerkennungen, neue Wählerstimmen. Uns neue Granaten, Verhaftungen, Vergewaltigungen. Kastrationen, Verwundungen, Abschlachtungen, Sterben. Wir glauben ihnen. Sie versprechen uns. Der Krieg hört auf, sagen sie und wir. Niemand sagt, wann. Wir, weil wir es nicht wissen. Sie, weil sie es nicht wissen wollen.

Sie wissen, daß wir wissen, daß wir nur Versuchskaninchen in ihren Labors sind. Wir wissen, daß sie wissen, daß wir ohne ihre Hilfe nicht auskommen. Jeder erzählt und erklärt es dem anderen. Am nächsten Tag vergessen wir alles und verschließen die Augen vor der sterbenden Stadt. Sie, weil es nicht ihre Stadt ist, wir, weil der nächste Tote unseren Namen tragen könnte.

Wenn die Stadt gestorben ist, werden sie ein neues Versuchslabor suchen, auf dem sie ihr Wissen und ihre Geschicklichkeit vervollständigen können. Wir füllen neue Gräber, Rehabilitationszentren, Memoiren, Augenzeugenberichte, Nachforschungsprojekte und Gespräche von Humanisten, die ungläubig fragen werden, ob in Bosnien wieder einmal das Böse der menschlichen

Kontrolle entglitten ist oder ob das menschlich kontrollierte Böse... Die Musik von Radio Sarajevo wurde unterbrochen, um mitzuteilen, daß nach der Stadtbesichtigung und Ernennung zum Ehrenbürger einer der bedeutendsten Persönlickeiten der Weltpolitik den Journalisten eine kurze Erklärung abgegeben hat. Ich bewundere die Ausdauer und den Mut der Bewohner dieser Stadt, sagte der hohe Gast. Aber ich muß wiederholen, daß ich gegen eine Lösung politischer Probleme mit Mitteln des Krieges bin. Deshalb bin ich gegen eine Aufhebung des bestehenden Waffenembargos für Bosnien und Herzegowina. Dies würde die kriegerischen Handlungen nur ausweiten und verschlimmern; und genau das kann weder das Ziel der Europäischen Gemeinschaft noch der Vereinten Nationen sein. Unser Ziel ist es... In Sarajevo fiel wieder der Strom aus, und das Radio verstummte. Zum Glück werden die Nachrichtenagenturen über Satellitentelefone die Erklärung in ihrer ganzen Länge übertragen. Auch ein Bild werden sie senden, und die Welt wird erfahren, was heute einer der bedeutendsten Leader der weltpolitischen Szene in Sarajevo gesagt hat. Was mit uns ist, ist jetzt zweitrangig. Wir wissen auch ohne vollständige Erklärung, das Hauptanliegen unseres hohen Gastes ist die Beendigung des Krieges und die Rückkehr des Friedens in die Straßen Sarajevos und in ganz Bosnien und Herzegowina. Ein wenig besorgt sind wir zwar über die festgesetzte, zumindest zwischen den Zeilen angedeutete Frist und über die geplanten Opfer. Aber das werden uns in den kommenden Tagen diejenigen erzählen, die mit dem nächsten Ehrenbürger gesprochen haben.

AUCH DAS GLÜCK BETRÜGT

Für Gäste in der Hölle ein einziges geöffnetes Hotel. Sowohl für einheimische Nichtsnutze als auch für Würdenträger. Wir sitzen auf hohen Hockern an der Bar. Wir zwei, das erst angereiste Journalistenteam, ihre Übersetzer und Fahrer. Die große, mit Glas umgebene Halle trennt uns vom, wie die Welt zu sagen pflegt, Balkanproblem. Die Kellner funktionieren, wie es sich für ein Hotel der obersten Kategorie gehört. Als ob nicht fünfhundert Meter von ihnen und den Gästen entfernt die Front verliefe. Wir trinken Whisky mit Eis in einer Stadt, in der es kein Wasser, keinen Strom, keine Nahrung gibt. Wir lachen über die Ironie des Schicksals. Wir gemeinsam mit unseren Bekannten von ehemaligen journalistischen Reisen. Erinnerungen an das einstige Leben. Vergleiche mit dem Hier und Jetzt. Als wäre in der Nähe eine Granate explodiert, sagt ein deutscher Kollege. Richtig, sagen wir, aber keine Angst, das ist ganze hundert, vielleicht sogar hundertfünfzig Meter von uns entfernt. Es sieht so aus, als ob sie wieder einmal den "UNO"-Wohnblock beschießen, fügt der Kellner hinzu und bringt eine neue Runde Getränke. Ihre Fragen und unsere Geschichten über das Leben in Sarajevo reihen sich aneinander. Geschichten über die Angst. Über die Ungewißheit. Das Leid. Die Hoffnung. Sie wundern sich. Zweifeln. Unterstützen. Zeigen und geben ihre Texte über den bosnischen Krieg wieder. Ich habe schon lange nicht mehr so eine umfangreiche Zeitung gelesen, sage ich, während ich den Text eines Kollegen, den ich vor drei Jahren in Kopenhagen getroffen habe, überfliege. Unsere Zeitungen werden auf sechs, acht Seiten gedruckt, führe ich den Monolog fort, und gewöhnlich ist die Hälfte mit Todesanzeigen gefüllt. Sie machen mich darauf aufmerksam, daß die Zeitung, die ich in der Hand halte, vier Tage alt ist. Ich genieße die Rolle desjenigen, der das Leben Sarajevos im Krieg über eine Zeitung mitbekommt, antworte ich. Mein Freund bemerkt zu einer Kollegin, die zum ersten Mal in Bosnien weilt: Armani. Ja, antwortet sie ein wenig verwirrt. Für Parfum habe ich eine Schwäche, fährt der Freund fort. Aber hier kannst du das vergessen. Schweiß, Blut und Tränen. Abgestandener Dreck. Feuer, Explosion und Tod. Und Hunger und Armut. Das sind Kulissen auf der Bühne, auf der du deine Monologe halten wirst... Ich kehre zu jenen Zeitungartikeln zurück, die versuchen, den alltäglichen Kreislauf des Lebens interessant zu machen. Neue Streitereien im öffentlichen Leben. Die Freude des Siegers. Neues Auto konstruiert. Lottozahlen. Ich lache. Zuerst leise, dann immer lauter. Ich suche einen Bleistift. Nummern, die ich zu jeder Tages- und Nachtzeit auswendig kann, schreibe ich auf ein Blatt Papier. Ich vergleiche sie mit denen in der Zeitung. Was ist los? fragen die anderen. Ich kann's einfach nicht glauben, sage ich. Deutsches Lotto... In der letzten

Ziehung haben sie die Zahlen gezogen, die ich seit Jahren spiele. Ich frage nach der Gewinnquote. Alle lachen. Ich fluche. Ich verfluche. Vater, Mutter, alles Lebendige. Das Glück, das mich verraten hat. Mich betrogen hat. Mich in diese Hölle eingeschlossen hat, und meine Zahlen... Sie klopfen mir auf die Schulter und sagen, ein guter Witz. Guter Gag für die Zeitung. Es ist an der Zeit aufzubrechen, sagen sie, denn heute müßten sie auch noch etwas erledigen. Nein, antworte ich. Für diese Woche habe ich meine Portion Glück verbraucht. Mir wurde übelst mitgespielt, und das Glück könnte mich erneut betrügen. Und in Sarajevo... Sie gehen fort. Sie lachen und sagen, ich sei verrückt... Zwei Stunden später kehren sie zurück. Mit der Nachricht, mein Freund sei tot. Er hat sie zum Krankenhaus geführt. Er wollte nicht hineingehen, er sagte, weil dort viele seiner Freunde, Bekannte... Auch meine, sage ich. Die Granate fiel vor dem Krankenhaus. Genau auf ihn, berichten sie. Wären wir zwei Minuten eher... fahren sie fort, zitternd, als wollten sie Angst und Tod abschütteln. Ich sage, in dieser Stadt betrügt sogar das Glück. Die Naiven und Leichtsinnigen... Im übrigen ist das schwer zu begreifen, fügte ich abwinkend hinzu. Bosnien und Glück sind zwei sehr komplizierte und beinahe unvereinbare Dinge.

WIE SIND WIR PLÖTZLICH ALT GEWORDEN

Ich reise in zwanzig Minuten ab, sagte sie. Ich kann ihn mitnehmen, fügte sie noch hinzu. Das heißt, ich will ihn mitnehmen und mich um ihn kümmern. Ich überlegte. Gedanken wechselten blitzartig. Zweifel nagten. Die Zeit lief davon. Ich fühlte, wie ich schrumpfte. Verschwand. Ich wußte, was ich zu sagen hatte und mußte, aber ich wußte nicht, ob ich dazu in der Lage war. Ob ich es durfte. Was, wenn?... Es gibt kein Wenn. Schluß. Es gibt nur ein Ja. Ja! Ja! Und das sagte ich auch. Zuerst teilte ich es meiner Frau mit. Sie war schockiert. Ihr Gesicht spiegelte Angst. Die Tränen kamen später. In dem Augenblick, als wir den Bus verließen. Als wir uns die Hände drückten. Um uns zu ermutigen. Glück zu wünschen. Hoffnung zu geben. Groß wie die Welt. Wir winkten auch dann noch, als der Bus außer Sichtweite war. Und verdeckten unsere Angst. Passanten sahen unsere Tränen, niemand stellte Fragen. Wir hatten gewartet, bis der Wecker läutet. Bis starker Kaffee den bösen Traum verjagen würde... Hast du wenigstens ihre Adresse? hatte sie gefragt. Nur ihren Namen und die Telefonnummer, hatte ich geantwortet. Wir sind total verrückt, meinte sie. Ich sagte nichts. Wollte mich meinen alltäglichen Verpflichtungen zuwenden.

Es ging nicht. Die Uhr ging unerträglich langsam. Das Telefon klingelte nicht. Nachbarn stellten Fragen. Ich gab keine Antwort. Die Artilleriegranaten sah und hörte ich nicht. Auch fremdes Leiden nicht. Dann sagte ich zu einem Freund, daß ich vielleicht das Beste von mir begraben habe. Er lachte. Ich kenne nur ihren Namen und ihre Telefonnummer, fuhr ich fort. Wessen? fragte er. Von der Kollegin, die gestern hier war, erzählte ich weiter. Na und? sagte er. Heute ist sie abgereist... Was hast du damit zu tun, fragte er. Zusammen mit ihr ist auch mein Sohn abgereist, erklärte ich und ging hinaus... Hast du gesehen, mit welch einem Vertrauen in unsere Versprechungen er in den Bus gestiegen ist? fragte meine Frau, als wir uns spät nachmittags in der Wohnung trafen. Gerade wollte ich etwas sagen, da krachte es in der Nähe. Der Nachbar kam in die Wohnung gerannt. Erschrocken. Verwirrt. Er schrie: Raus ins Treppenhaus! Habt ihr in diesen fünf Kriegstagen immer noch nicht begriffen, daß es dort am sichersten ist?... Aber die Tür muß offen bleiben, sagte meine Frau. Ich will das Telefon hören... Doch das Telefon läutete nicht. Weder da noch zwei, drei Stunden später, als der Granatbeschuß aufhörte. Auch eine weitere Stunde später nicht, als mein Freund sich erkundigen wollte, ob er angekommen sei... Das kostbarste und bedeutendste Erzeugnis unser beider Leben, sagte ich. Die einzig wahrhaftige Bestätigung unserer Existenz... Meine Frau sagte nichts... Auch dann nichts, als ich erklärte, wir hätten keine Wahl gehabt. Daß wir in der Falle saßen. Daß in diesem Bus... Telefonläuten. Angst und Hoffnung. Enttäuschung nach dem ersten Wort der Schwester... Erneut Kaffee. Und Schnaps. Wieder Hinausrennen ins Treppenhaus wegen naher Granateinschläge. Trotzdem, wir haben das Richtige getan, als wir ihn wegschickten, sagte sie. Die Schießerei wollte nicht aufhören. Sag, daß das wahr ist, schrie sie meinem Schweigen entgegen. Sag, daß das hier bald aufhört, und daß wir... Es krachte. Wieder das Nebenhaus, sagte der Nachbar. Die Granate hat zwei Wohnungen zerfetzt... Hast du ihm seine Zahnbürste eingepackt? fragte ich, als wir in die Wohnung zurückkehrten. Ja. Auch Zahncreme. Und Seife. Aber kein einziges Paar Socken, sagte sie in dem Augenblick, als der Nachbar in der Tür stand und mitteilte, im Nachbarhaus gäbe es schon zwei Tote. Das Telefon läutete. Hallo, wir sind angekommen, hörte ich und wiederholte laut die langersehnten Worte. Abwechselnd nahmen wir den Hörer, der Nachbar und die Toten im Haus nebenan waren vergessen. Wir hörten genau zu. Fragten vorsichtig. Suchten nach seiner tatsächlichen Verfassung. Lasen sozusagen zwischen den Zeilen... Im Morgengrauen lagen wir noch immer wach. Ich kann nicht, sagte sie. Mich erinnert alles an ihn. Mich stört alles. Ich vermisse alles... Sie weinte. Jedoch irgendwie anders. Wie nie zuvor... Wie sind wir plötzlich alt geworden, fuhr sie nach einer kurzen Pause fort. In diesen dreizehn Stunden bin ich um zwanzig Jahre gealtert... Ich schwieg und rauchte. Und fragte mich, was geschieht, wenn wir so alt und hilflos bleiben und der Krieg weitergeht. Und man kann weder in die Stadt noch hinaus. Und es stellt sich heraus, daß wir ihn belogen haben, und daß weder wir ihm folgen können noch er zu uns zurückkehrt. Die Türglocke schreckte uns auf. Es wurde Geld gesammelt für das Begräbnis der beiden gestern getöteten Nachbarn.

DIE KREUZUNG

Frühmorgens. Mittags. Abends... Tagelang. Wochenlang Monatelang. Immer das gleiche Thema. Ähnliche Schauspieler. Schüsse. Hinüberrennen. Dennoch, niemand beschwert sich über die Monotonie. Über die Langeweile... Kinder. Alte. Frauen. Soldaten. Polizisten. Zu Fuß. Im Auto. Auf dem Fahrrad. Im Panzerfahrzeug... In den ersten Tagen haben Schaulustige denjenigen applaudiert, die rannten, krochen oder mutig einen Fuß vor den anderen setzten, um sich dann auf den Boden zu werfen und wegzurollen. Später verschwand der Beifall zusammen mit den Schaulustigen. Es verschwanden auch einige, die gerannt waren. Die Glücklichen gingen auf Straßen in anderen Städten und die Pechvögel ins Jenseits oder ins Krankenhaus. Aber an der Kreuzung änderte sich nichts Wesentliches. Sogar dann nicht, als aus einem Metallcontainer ein Schutzwall errichtet wurde. Die, die schießen, aber immer unsichtbar bleiben, brachten Waffen mit größerem Kaliber und größerer Durchschlagskraft. Und alles blieb beim alten. Auch als die Herbstgewitter kamen und der erste Schnee. Nur die große Pappel verschwand. Und das innerhalb von nur zwei Tagen. Mit dem Abschneiden des ersten Astes fielen die restlichen wie von alleine. Um die

Wahrheit zu gestehen, mehr nachts, als tagsüber. Und auch zwei Köpfe sind in diesen zwei Tagen gerollt. Zwei schwere und drei leichte Verletzungen... Aber die Angst vor dem Winter und das Wissen, daß in den Parks keine Bäume mehr sind... Mit dem großen, dicken Baumstamm verschwand auch die Möglichkeit einer sicheren Rast auf der Hälfte des zu überquerenden Weges. Aber die Essenz des Films blieb die gleiche. Auch die Szenenfolge. Und die Charakterdarstellung. Und die Tafel an der Ecke des Gebäudes, auf der stand: VORSICHT, SCHARFSCHÜTZEN! Irgend jemand hat dazugeschrieben: Keine Scharfschützen, sondern Luftabwehrwaffen, du Idiot.

WIE EIN SOG

An diesem Samstag empfand ich seit sieben Monaten Krieg zum ersten Mal die Wärme eines Heims. Frieden. Und den Duft eines guten Essens. Den Genuß einer leichten Unterhaltung in der Freizeit... Und doch war ich ständig vor diesem Zusammentreffen geflohen. Auf meinem Weg dorthin war ich schlechter Laune. Und müde. Und nervös. Und wütend. Ich fürchtete mich vor einem weiteren menschlichen Unglück und Leid. Vor meinem hilflosen Schulterzucken... Ich wußte, was geschehen war. Wie es passiert war. Daß dies nicht vergessen wird. Daß sie vor einem Monat befreit wurde. Daß man sie vergewaltigt hat. Daß sie schwanger... Als ich zur Tür kam, war ich verwirrt. Und ich wußte nicht, was ich sagen sollte. Wie sollte ich sie begrüßen? Sie waren fröhlich und sprachen nicht über das Unglück. Darüber später, sagten sie auf meine Frage hin. Wir haben Zeit... Und wir saßen beisammen. Lange, bis in die Nacht. Beim Feuer. Beim Essen. Wir sprachen über Vergangenes. Über Freunde und Bekannte. Was tun, wenn einmal der Frieden kommt? Sie sprach auch. Zwar nicht viel, aber sie sprach. Sie lachte über alte Ereignisse und Witze... Kurz vor Tagesanbruch hatten wir beschlossen: Noch einen, dann ins Bett. Sie und ihre Mutter verschwanden, um das Bett herzurichten. Weißt du, sagte ihr Vater, deine Freunde haben uns sehr geholfen. Sie machten den Schwangerschaftsabbruch ohne größere Probleme. Das hat ihr sehr geholfen. Du siehst ja selbst. Uns aber auch. Deswegen haben wir dich auch eingeladen... Ich winkte ab und sagte: Laß gut sein... Nein, nein, fuhr er fort. So Gott will, kommt schon der richtige Zeitpunkt und die Gelegenheit. Wie bei anderen auch... Vorgestern teilte man uns mit, daß unsere Leute alle Tschetniks getötet haben, die den Schuppen bewachten, in dem sie eingeschlossen war. Alle! Die Köpfe haben sie ihnen zertrümmert! Alles angezündet! Keine Spuren blieben zurück... Du hast ihm nicht erzählt, sagte sie, aus dem Zimmer kommend, daß sie auch Zdravko, der mich gefangennahm, erledigt haben. Sag uns nur noch, ob auch Momir, der mich mit Zdravko gefaßt und als erster vergewaltigt hat, umgebracht wurde. Wir haben gehört... Der Mund stand mir offen, doch ich brachte kein Wort heraus. Ich nickte nur mit dem Kopf und dachte, daß mich dieser Abend nicht täuschen darf. Daß ich so schnell und so weit wie möglich fort muß. Mich von diesem Sog losreißen muß, der gierig verschlingt und tötet... Sie lachte und sagte zum Vater: Siehst du, ich habe dir gesagt, der Teufel holt die Seinen.

KRIEGSFOTOS

Mit Bedauern stellten wir fest, daß wir kein einziges Kriegsfoto haben. Weder eine Gruppenaufnahme noch ein Einzelfoto. Wenn wir heute abend den Geburtstag seiner Tochter feiern, haben wir drei Fotoapparate, aber keinen Film. Wie wird sie mir das glauben? sagt er. Du zeigst ihr die Geschenke, antworten wir. Sie ist weit weg, sagt er. Seit Tagen kann ich sie nicht anrufen, geschweige denn Geschenke... Ein Foto hätte ich vielleicht... Seine Worte "verdecken" wir mit Gesang. Damit er vergißt. Zusammen mit uns. Genauso wie wir unsere Freunde, die vor einem Monat, vor zwei, drei... Nie hatte sie so viele Gäste zu ihrem Geburtstag, übertönt er unser Lied. Und nie hat sie so viele Geschenke erhalten. Unser Leben war auch nie so - scherzt jemand. Auch die Geschenke nicht, lacht ein zweiter. Egal, ob wir die Sachen ihr schenken oder ob die Tschetniks alles niederbrennen. Und erneut übertönen die Sänger Gespräch und Lachen. Sie schreien und klatschen. Der Keller bebt. Das Licht der sechs Kerzen auf der Torte vertreibt die Dunkelheit. Und den Krieg, der uns unter die Erde treibt. Wir singen "Happy birthday". Und wir lachen. Eigentlich spotten wir über uns. Über unser Leben. Über die Geburtstagsfeier ohne Gebrtstagskind im feuchten Keller. Über den

Fotoapparat, den Film. Über unsere Festtagsanzüge. Über die Frage: Wer ist hier eigentlich verrückt? Wir, festlich gekleidet, im Keller? Die, die seit Monaten von den Bergen schießen? Oder die Welt, die so tut, als würde sie nichts sehen und nichts verstehen? Ich bin verrückt, brüllt ein Mann, der harnäckig mit dem leeren Fotoapparat klickt. Auf der Flucht vor Tschetniks habe ich zu Hause fünf Farbfilme zurückgelassen, und wir werden kein einziges Kriegsfoto haben.

AUSTRALIEN UND ŽELJKO R.

Ich habe alles satt. Den Krieg. Die Angst. Den Hunger. Durst. Die Krankheit, die mich fast niedergerungen hat, aber eben nur fast. Die Menschen, die mich lieben und nicht lieben. Die mir alles anbieten und nichts geben. Den Freund, der mich gleich morgen nach Australien mitnimmt. Alles ist geregelt, und uns erwartet dort... Nur noch diese Bescheinigung, und für uns beginnt ein neues Leben... Ich habe die Ungewißheit satt. Den Gesang und die Trunkenheit. Erinnerungen und Granaten. Scharfschützen und Beteuerungen. Die UNO. Die Friedensstifter. Oh, wie habe ich die Friedensstifter satt. Ihre Treffen und Umgehungen. Resolutionen und Deklarationen... Wenn wir nur aus der Stadt hinauskommen, sagt mein Freund. Wie Menschen und nicht wie Flüchtlinge. Damit uns niemand etwas vorwerfen kann. Später dann... Unser beider Verstand. Wissen. Unsere Geschicklichkeit. Die grenzenlosen Möglichkeiten, die Australien bietet... Wie habe ich es satt, ein Leben zu leben, das seit langem nicht mehr meins ist. Es stimmt ja nicht, daß ich mein Leben selbst gestalte. Würde ich denn freiwillig mein Dasein in dieser Hölle fristen? Ich durchlebe die Geschichte. Die blutige, staunenswerte Wirklichkeit. Meine Anwesenheit hier und jetzt ist doch kein Heldentum. Als ob ich ein Widerstand gegen Dunkel und Böses wäre... Für unsere Familien werden die Dinge in Australien schnell vorangehen, überzeugt mich mein Freund. Du wirst schon sehen. Ich kenne die Leute. Die würden mich nicht belügen. Dort gibt es Arbeit und ein angenehmes Leben... Ich habe die Kriegsgeschichten und -ereignisse satt. Das Rennen über Kreuzungen. Die humanitäre Hilfe. Das Schlangestehen nach Nahrung, nach Wasser, nach Brennholz, nach Medikamenten, nach einer neuen, befristeten Unterkunft, nach neuen Bescheinigungen, neuen Dokumenten... Warum hätten sie sonst zwei Rückflugtickets geschickt? fragt mein Freund. Weißt du eigentlich, wieviel ein Rückflugticket kostet? Lach nicht, sagt er böse. Es sind Hin- und Rückflug, weil wir sonst nicht in Australien einreisen können. Aber wenn wir erst mal da sind... Ich bin habe die unerwarteten Granaten so satt. Heute hat der Tod wieder zufällige Passanten im Zentrum überrascht. Am meisten meinen Freund. Er hinterließ Hunderte und aber Hunderte Zeitungsartikel, versendet an bekannte und unbekannte Adressen. An Funk- und Fernsehstationen. An Nachrichtenagenturen. Er hinterließ unverrechnete Honorare. Entgelt für Wissen. Für Erlebtes und Gesehenes. Für Angst, so groß wie ein riesiges Gebirge. Zurück blieben die endlich vervollständigten Unterlagen für das Besteigen der UNO-Flugzeuge, mit denen nur wenige Bewohner Sarajevos ihre geliebte Stadt verlassen, gesättigt von historischen Ereignissen, aber hungrig nach der Monotonie eines Alltags und eines normalen

Lebens. Zurück blieben Sohn, Tochter und Ehefrau. Diese drei, die monatelang von Staat zu Staat gewandert waren auf der Suche nach der Wärme eines verlorenen Heims und Familienlebens. Zurück blieben geschlossene Augen und ein vereistes Lächeln. Zehn Zeitungszeilen. (Denn Berichterstatter sind nur interessant, wenn sie sich direkt vom Ort des Geschehens melden.) Zurück blieb Hoffnung. Zwei Rückflugtickets und ein unausgeträumter Traum von Australien, vom Neuanfang im vierzigsten Lebensjahr. Und jene Übersättigung. So schwer wie Blei.

ICH HABE DEN KRIEG VERLOREN

Nein, es ist nicht die Angst. Ich schwöre es dir bei meiner Mutter. Es sind auch nicht Leid und Hunger. Auch nicht der Durst. Glaube mir. Ich habe mich daran gewöhnt. Viel leichter und schneller, als Du Dir vorstellen kannst. Nein, es ist nicht die Enttäuschung. Habe ich etwa geweint, wenn Freunde mich enttäuscht, betrogen und verraten haben? Erniedrigungen mußte ich schon früher hinnehmen. Man beißt die Zähne zusammen, schluckt Flüche und Schreie hinunter. Und es geht vorbei. Auch an den Schmerz habe ich mich gewöhnt. Den Tod um mich herum erlebe ich wie den Wechsel von Tag und Nacht. Die zerstörte und niedergebrannte Wohnung habe ich bereits vergessen. Früher hatten wir doch auch keine eigene Wohnung, kein eigenes Auto... Es ist auch nicht Dein Vater, der während des Krieges in der Küche hinfiel und sich den Oberschenkel brach. Er wird schon irgendwie gesund. Es ist auch nicht wegen seiner Worte. Daß er sagt, wie sehr es ihn quält, wie ein Hund sterben zu müssen. Entkräftet von Hunger und Durst, von Schmerzen, die ein einfaches Aspirin nicht stillen kann. Es sind nicht die Tränen deiner Mutter nach der Gefangennahme ihres Sohnes und seiner Familie. Es ist nicht ihre Trauer um Töchter und Enkelkinder. Nicht meine Einsamkeit. Ich habe mich an sie gewöhnt. Genieße sie sogar. Es ist schön, zu schweigen, mit niemandem reden zu müssen. Deswegen habe ich auch niemandem gesagt: Ich fühle, ich habe den Krieg verloren, auch wenn die Verteidigung Sarajevos nicht aufgegeben ist. Ich verliere den Boden unter den Füßen. Nicht, daß ich es nicht akzeptieren will. Oder nicht ertragen könnte. Nein! Sie haben ihr oberstes Ziel erreicht. Langsam und unbemerkt. Sie haben mich gezwungen, so wie sie zu sein. Schritt für Schritt fange ich an zu hassen. Ich wehre mich krampfhaft, aber ich hasse alles, was tschetnisch ist. Alle die an der Seite der Tschetniks stehen. Und jene, die behaupten, sie würden nicht wissen, was Tschetniks machen. Und ich hasse mich immer mehr, weil ich dem Haß erlegen bin. Weil ich eines Tages genauso wie sie losgehen könnte...

PERSÖNLICHE ANGABEN UNBEKANNT

Sie schauten zu. Sahen aber nichts. Sie sahen, wollten jedoch nichts begreifen. Sie haben begriffen, wußten aber nicht... Tagelang haben sie auf diesen Einsatz gewartet. Seinetwegen. Seiner Familie wegen. Jetzt wären sie um seinet- und ihretwillen glücklicher, wenn die Aktion nicht geglückt wäre. Wenn sie diese Vorstadtsiedlung nicht erobert hätten... Auf ihrer Flucht hinterließen die Tschetniks Häuser und Höfe. Schuppen, Ställe, Baumstämme. Nichts war niedergebrannt oder zerstört. Sie hatten hauptsächlich Menschen und Vieh mitgenommen. Etliche hatten sie umgebracht. Wie wären wir ihnen dankbar, wenn sie auch diese mitgenommen hätten ... Ein sechsjähriger Junge. Vor einem Hauseingang. In Stücken. Neben ihm eine Frau. Nackt. Mit Messern zerstochen. Mit beiden Armen drückt sie die Reste einer Kinderhand an sich... Sie sammelten schnell auf. In eine Plastiktüte. In ein Bettlaken. Trugen es hinters Haus. Suchten einen Platz, an dem sie alles verstecken konnten, bevor er kommt. Sie werden ihm sagen, Tschetniks hätten sie mitgenommen. Daß sie zusammen mit anderen... Er stand im Hofeingang. Wer weiß, wie lange. Versteinert und stumm. Er schaute zu. Er sah, was sie taten. Als sie ihn erblickten, hielten sie inne. Sahen sich an. Versuchten etwas zu sagen. Die Hand auszustrecken... Es war zu spät. Er hatte die Pistole gezogen. Als wäre der Schuß nicht echt gewesen. Er stand noch eine ganze Ewigkeit Schien größer als sonst. Als weigerte sich das Blut, aus der Schläfe zu fließen. Sie konnten sich nicht rühren. Losrennen... Die anderen Kämpfer kamen an. Führten drei Gefangene mit sich. Die zwei standen auch weiterhin auf halbem Wege zwischen Hauseingang und Hofeinfahrt. Einen Schritt rechts vom Eingang lag er am Zaun. Sie hielten in den Händen Teile eines menschlichen Körpers. Er eine Pistole. Ihm rann das Blut aus der Schläfe. Ihnen von den Händen... Die hinzugekommenen Kämpfer banden die Gefangenen an einen Baum. Sie sagten irgend etwas und setzten die Verfolgung fort... Die zwei schaufelten hinter dem Haus Gräber. Andere hoben auf dem Hügel über ihnen Schützengräben aus, um die neue Stellung zu befestigen. Die beiden erinnerten sich, was der Freund ihnen auch vor dieser Aktion erzählt hatte: Sie wissen, wie sehr ich an meiner Familie hänge, deshalb tauschen sie sie auch nicht aus. Dann hatte er lange geschwiegen und schließlich hinzugefügt: Vielleicht übertreibe ich ja auch. Vielleicht werden sie nicht mißhandelt. Ihr Bruder ist Tschetnik. Vielleicht hat er ... Sie ließen das Gräberschaufeln und rannten zu dem Baum, an den die Gefangenen gebunden waren. Einer von ihnen war Milorad. Ihr Bruder. Sie nahmen ihn mit, damit er sähe... Nicht nötig, sagte er und fügte hinzu, er wisse alles. Als seine Schwester ihm zum hundertsten Mal bestätigt hatte, sie werde bei ihrem Mann bleiben, hatte er den Befehl gegeben. Die Schwester eines Tschetniks, sagte er bissig, kann keinen Mann haben, der nicht zumindest orthodox ist, wenn schon kein Tschetnik. Deshalb haben wir zuerst ihren Bastard - fuhr er triumphierend fort... Auch für ihn hoben sie ein Grab aus. Weit weg von ihren Gräbern und ohne Kennzeichnung... Im gemeinsam verfaßten Bericht stand am nächsten Tag u.a.: Einer der drei Gefangenen wurde auf der Flucht getötet. An Ort und Stelle wurde er begraben. Persönliche Daten unbekannt.

SCHREIBE MIR, WENN DU MICH SIEHST

Sie winkte mir von ihrer Wohnung aus zu. Von der gegenüberliegenden Straßenseite. Zeigte mir eine Zigarettenschachtel und eine Flasche. Ich lachte und winkte ab. Sie winkte weiter. Dann schrieb sie in großen Buchstaben auf ein Blatt: Komm! In diesem Augenblick explodierte unweit eine Granate. Wie? schrieb ich auf ein Stück Papier, das ich durchs Fenster hielt. Sie antwortete bald mit dem Text: Fein! Auf der Rückseite schrieb ich: Es knallt! Als hätte sie gewußt, was ich schreiben würde, zeigte sie in Sekundenschnelle den Text: Ach was! Wieder mußte ich lachen. Sie lachte auch, während sie mit der Flasche fuchtelte. Ich überlegte, woher ich sie kannte. Früher hat sie sicher nicht hier gewohnt. Bestimmt hätte ich sie bemerkt... Ich hob den Blick. Auf dem Papir an ihrem Fenster stand: He, Arschgesicht! Ich ging zurück ins Zimmer schrieb: Keine Beleidigungen! Schnell antwortete sie: Ich langweile mich! Immer näher kamen die Schüsse. Ich hörte die Nachbarn in den Keller rennen. Trotzdem schrieb ich: Mir auch. Sie lief einige Schritte vor dem Fenster auf und ab, dann verschwand sie. Sie kam zurück mit einem Zettel auf dem stand: Ich tu' Dir nichts! Kurze Zeit später hielt sie einen zweiten: Ich schwöre! Mein Nachbar kam zur Tür gelaufen. Gib mir das Kofferradio, sagte er. Wir sind im Keller. Nimm mit, sagte ich und schrieb: Ich glaube Dir nicht! In dieser Situation hast du nichts Besseres zu tun, als zu schreiben, sagte der Nachbar beim Hinausgehen und fügte hinzu, dies sei nicht der richtige Augenblick, den Helden zu spielen. Als ich ihr den Zettel zeigte, lachte sie und nahm einen Schluck aus der Flasche. Der mir neu angebotene Text hieß: Überzeug' Dich! Das Granatfeuer wollte nicht aufhören. Jeder neue Schuß schien unserem Standort um zehn oder zwanzig Meter näher zu sein. Paß auf Dich auf! schrieb ich. Paß Du auf mich auf! antwortete sie. Wahnsinn! malte ich auf der Vorderseite und auf der Rückseite: Ich gehe! Sie gab mir ein Zeichen, einen Augenblick zu warten, kurz darauf zeigte sie das Papier: Schreibe mir, wenn Du mich siehst! Ich lächelte. Winkte und verschwand in den Keller. Unten hielt ich es nicht aus, ohne einen Blick auf das Nachbarhaus zu werfen. Im dritten Stock stand immer noch die Aufschrift: Schreibe mir, wenn Du mich siehst! Sie war nicht da. Eine Stunde verbrachte ich im Keller. Nach dem Granatbeschuß, als die anderen allmählich den Schutzraum verließen, ging ich nach draußen. Schon senkte sich die Nacht. Die Schrift am Fenster war nicht mehr sichtbar. Ich lief über die Straße und stieg hinauf zur dritten Etage. Die Tür stand offen. Wo warst Du so lange? fragte sie mit leiser Stimmen. Du bist verletzt, sagte ich. Laß gut sein, antwortete sie. Setz Dich und zünde uns zwei Zigaretten an. Ich zögerte einen Augenblick. Komm mir nur nicht mit der Farce vom

Krankenhaus, fuhr sie fort. Ich arbeite dort und weiß genau, was machbar ist und was nicht. Und mir können sie nicht helfen, weil... He, jetzt fällt mir wieder ein, woher ich Dich kenne. Du warst im Krankenhaus, als ich... Ja, ich war es, Du hattest Angst... Aber nicht vor dir, sagte ich und versuchte, sie aufzurichten... Was machst du da, fragte sie. Grabsche jetzt nicht an mir rum. Als ich dich gerufen habe... So ist es leichter, sagte ich. Leg meinen Kopf auf dein Bein. Dann tut es weniger weh, sagte sie. Nimm einen Schluck auf mein Wohl und sage mir dann, wie ich dem Tod in die Augen sehen soll. Ich kann mich nicht mehr an deinen Namen erinnern, sagte ich. Wem sind schon Namen wichtig bei all den Granaten, Scharfschützen, Maschinengewehren, flüsterte sie. Wenn Du wüßtest, wie oft ich dem Tod schon nahe war. Und jedes Mal bin ich über die Klinge gesprungen, flüsterte sie und versuchte dabei zu lächeln... Trotzdem, jedes Mal blieb ich mit ein paar neuen Falten im Gesicht zurück. Mit neuen grauen Strähnen, mit neuem Zweifel und neu angesteckter Zigarette im Mund, sagte sie immer leiser. Das Husten zwang sie, Pausen zu machen, immer fester umklammerte sie mein Bein. Werde ich in der Lage sein, mich an alles zu erinnern? An unsere mißglückten Treffen. An all die gesehenen Grausamkeiten und Schrecken? All die Toten und Verkrüppelten? Alle die, deren Leben verfehlt ist? Und wenn ich es nicht schaffe? Wird der Tod zornig sein?...Laß mich heute Nacht nicht allein. Versprich mir das. In diesem Krieg hatte ich am meisten Angst vor Einsamkeit und Trauer... Ich nickte. Sag es mir! wiederholte sie. Ich laß Dich nicht allein, und ich werde Dich nicht ins Krankenhaus bringen. Sie schwieg. Beruhigte sich. Ich fühlte, wie sie entschwindet... Erneut las ich die Zettel, die sie mir geschrieben hatte, und lachte.

FREMDES HEIM, JACKE, AUTO

Fremde Häuser und Betten. Fremde Leben. Meine Stadt. Meine Hoffnungen und Wünsche... Dankbarkeit zeige ich ungeschickt. Noch habe ich mich nicht daran gewöhnt, daß ich kein Heim mehr besitze. Nicht einmal Strümpfe. Nicht einmal Unterhosen. Überhaupt nichts, außer dem eigenen Kopf und der Kleidung am Leibe. Daß alles, was ich jahrelang geschaffen habe, in einem Augenblick verschwunden ist. Daß es mich schon in der nächsten Sekunde nicht mehr geben könnte... Sie gab mir die Jacke. Vom Bruder. Mit einem Loch. Am Rücken. Ein Scharfschütze, sagte sie. Ich bewahre sie auf, um nicht zu vergessen. Wenn der Winter vorüber ist, wenn alles... kannst du sie zurückbringen... Wenn nicht... Ihr Vater erzählte von einem neuen, soeben unterzeichneten Waffenstillstand. im Radio wurde gesagt... Sie unterbrach ihn und sagte, das wäre alles Blödsinn. Daß auch von diesem Waffenstillstand nichts zu erwarten sei. Gerade von diesem, weil er eine Unglückszahl trägt. Sie zählte die Gründe auf: Todestag ihres Bruders; Datum, an dem meine Wohnung niederbrannte; ihre Wunde am Bein; Tag des endgültigen Übertritts ihres Mannes auf die Seite der Tschetniks... Fast sämtliches Übel, sagte sie, ist mit dieser Zahl verbunden. Der neue Waffenstillstand hat einfach keine Chance, eingehalten zu werden. Einer muß doch, sagte der Vater und blickte zu mir. Ich nickte und fügte hinzu,. natürlich muß er. Meine Herren, sagte sie bissig, vergessen Sie die Märchen vom Frieden und fangen Sie an, Ihr Leben im Krieg zu organisieren. Was soll ich mit dem Auto machen? fragte der Vater. Was für ein Auto? fragte ich. Ein nagelneues. Noch unangemeldet. Rote Farbe. Marke "Golf", sagte sie wie jemand, der in einer Schulstunde das längst auswendig gelernte Gedicht aufsagt und nun vom Lehrer aufgefordert wird, die Mitschüler zu korrigieren, wenn sie einen Fehler machen. Irgend welche Gauner haben ihm in die halbleere Garage ein Auto gestellt, fügte sie leicht grinsend hinzu. Na und? sagte ich und sah dem Vater zu, wie er auf dem Stuhl hin- und herrutschte. Na und?! wiederholte er und sprang vom Stuhl auf. Wenn ich es nicht aufbewahre, können sie mich umbringen. Wenn ich es aufbewahre und ihnen das verdammte Auto vor der Garage übergebe, bringen sie mich auch um. Wenn ich zur Polizei gehe, brauch ich nicht nach Hause zurückzukommen. Na, dann schieb mal weiter Wache, grinste sie, und gib acht, daß dich die Nachbarn nicht sehen, auch nicht die Polizei, die Verbrecher, die Tschetniks, die Verteidiger, die zufälligen Passanten... Wie denn! schrie er. Ich weiß es nicht, sagte sie. Verlange nicht von anderen, deine Probleme zu lösen. Es ist Krieg, und du bist alt genug. Finde dich zurecht... Ich weiß schon, wen ich fragen werde, sagte er wütend. Von der Couch nahm er die Jacke, die sie mir gegeben hatte, wahrscheinlich in der Überzeugung, es wäre seine, und schlug die Tür beim Hinauslaufen hinter sich zu. Sie lachte... Für ihn ist das eine Qual, sagte ich. Er hat's nicht leicht... Andere quälen sich nicht, sagte sie und lachte. Es gibt jetzt in Sarajevo wohl Schlimmeres als ein fremdes Auto in der Garage... Aber auch das hat manchmal seine Vorteile, fügte sie hinzu und wies zum Zimmer: Heute Abend bleiben wir, was ihn anbelangt, unbehelligt und auf Gedeih und Verderb nur uns selbst ausgeliefert.

BOSNIEN IST...

Am Vorabend des Krieges kam sie in Sarajevo an. Von der anderen Seite des Atlantiks. Mit Wörterbüchern und Lexika. Mit Fotoapparat. Mit Selbstvertrauen und starkem Willen. Um ihren Anteil am Journalistenruhm und Kriegserfahrung mitzunehmen, sagte sie. Sie war begeistert von der Friedensdemonstration der Bürger Sarajevos in den ersten Tagen der Okkupation der Stadt durch Tschetniks... Gleichwohl, nach dem schrecklichen Krieg in Kroatien werden auch die bosnisch-herzegowinischen Serben und Kroaten einen erbitterten Krieg führen müssen, prophezeite sie. Über Bosnien wußte sie wenig. Über den Islam noch weniger. Sie konnte nicht glauben, daß die Frauen in Sarajevo nicht verschleiert sind. Daß sie sich schminken. Daß sie ihre Ehemänner selbst aussuchen. Daß sie auch nachts die Restaurants besuchen. In Begleitung und allein. Daß Männer nicht zwei, drei Ehefrauen haben. Daß sich fast alle wie andere Europäer auch benehmen. Dies hier ist Betrug, sagte sie. Nein, antwortete ich, es steht nur im Widerspruch zu deinen Erwartungen... Der lange Namen Bosnien und Herzegowinas störte sie. Er sei zu lang für einen Zeitungsartikel. Muß er denn überhaupt voll ausgeschrieben werden? fragte sie. Muß er nicht, antwortet ich. Bosnien genügt. Denn so lautet der historische Name dieses Landes. Seine Bewohner wurden stets Bosnier oder, laut späteren Urkunden, Bosnjaken genannt. Moment, sagte sie. Laß mal die Bosnier und, wie nannest du sie noch... beiseite. In Kroatien und in Serbien hat man mir gesagt, Bosnien gehöre historisch zu jeweils ihrem Territorium. Hier lebten hauptsächlich Kroaten bzw. Serben, und die Muslime seien nur eine kommunistische Erfindung. Jetzt führst du mir irgend welche neuen... Wem gehört eigentlich Bosnien? Wenn du von Zagreb kommst, den Kroaten; wenn du von Belgrad kommst, dann den Serben, sagte ich. Ich meine es ernst, sagte sie verärgert. Und ich antworte allen Ernstes, entgegnete ich und fuhr nach einigem Zögern fort: Der bekannteste bosnische Herrscher war Banus Kulin. So, und dieser Kulin gab der einstigen Republik Dubrovnik - heute Stadt Dubrovnik - eine Urkunde, mit der er ihr den Handel und freies Reisen in "allen Ländern Bosniens" gestattete. Die Urkunde wurde in der autochthonen Schrift verfaßt, die man am bosnischen Hof und im bosnischen Staat verwendete. Sie wird Bosancica (bosnische kyrillische Orthographie) genannt. Bosnien hatte eine eigene Schrift? Nun, das hängt wiederum davon ab, welchen Standort man wählt. In Belgrad war allein der Name Beweis genug, daß es sich hier um original serbische Schrift handelt. In Zagreb war das natürlich kroatische Schrift. In Sarajevo trauten sich ein paar Unverschämte, man stelle sich vor, die Bosančica als bosnische Schrift zu benennnen. Aber laß dich nicht irreführen, fuhr ich mit bitterem Grinsen fort. Sie lachte. Fuchtelte mit den Händen und sagte, sie glaube mir kein Wort... Du kannst mir ruhig glauben, sagte ich. Wenn du hier längere Zeit verbringst, wirst du auch glauben, daß die Serben die Orthodoxie und die Kroaten den Katholizismus erfunden haben. Und die Bosnier erfanden den Islam, fügte sie lachend hinzu. Ich antwortete: Das einzige, was die Bosnier erfunden haben - da bin ich mir sicher -, ist, daß sie nichts erfunden haben. In ihrer Bequemlichkeit, ihrem Genuß, ihrer Trägheit, ihrem Schmerz, ihrer Dummheit übernahmen die Bosnier nur alles mögliche von anderen. Was ihnen bei anderen gefiel, klebten sie einfach auf das, was sie bereits hatten. Ohne dabei zu fragen, ob das geht. Ob das zusammenpaßt. Und so ist es seit Jahrhunderten. Und weil die Bosnier bzw. Bošnjaken seit Menschengedenken ein sehr eigensinniges und dickköpfiges Volk sind, lebte jeder für sich und mit seiner Verschrobenheit. In einer Familie zwei, drei, vier Religionen. Jeder Bruder, jede Schwester, jeder Verwandte eine andere Weltanschauung. Eine andere Ideologie. Fast kein einziger bosnischer Herrscher wurde mit der gleichen Religion geboren, mit der er dann lebte und starb. Deshalb kam die Inquisition immer wieder nach Bosnien. Zusammen mit ihr oder allein auch die orthodoxe Kirche. Dann Eroberer, islamische Eroberer. Die Kommunisten mit dem Atheismus. Aber die Bosnier blieben immer die gleichen. Im Polytheismus und im Bogomilentum. In der Orthodoxie und im Katholizismus. Im Islam und im Judentum. Im Atheismus... Sie wählten, was ihnen gefiel. Was ihnen nützte. Was ihnen genehm war. Und jeder auf seiner Seite. Jeder in seiner Kirche. Jeder mit seiner Ideologie. Dann wiederum alle gemeinsam im Glauben an das Schicksal. Wenn das Schicksal es so bestimmt hat, was soll man da tun... Und das so lange, bis die von außen kommen. Die Rechtgläubigen. Denn Bosnier sind Bosnier. Weder Glaube noch Unglaube. Weder Ehrlichkeit noch Betrug. Immer halb. Nach dem Motto: Eins reden, ein Zweites Denken, ein Drittes tun, ein Viertes wünschen... Eine ganze Minute schwieg sie. Kein normaler Mensch würde diese Geschichte verstehen und akzeptieren, sagt sie dann. Bosnien kann nur verstehen und akzeptieren, wer hier sehr lange lebt, wenn er schon nicht in Bosnien geboren ist. Jedoch unter der Bedingung, daß er psychisch gesund ist. Im gegenteiligen Fall steht dir ein Idiot, Typ Radovan Karadžic, gegenüber, in dessen Kopf ein totales Chaos entstanden ist, als er begriffen zu haben glaubte, was das Land Bosnien bedeutet. Und dann wehe dir und ganz Bosnien und dem Rest der Welt. Wehe, weil im Namen des einzigen Gottes Menschenblut in Strömen fließt. Weil Menschenköpfe niedergemäht werden und fallen wie Schwaden reifes Korn. Weil die Leiden Jahre überdauern, bis die Wunden verheilen, bis Bosnien wieder Bosnien wird.

TREIBSAND

Weiterhin rollen Köpfe. Schuldige und Unschuldige. Schuldig vor Gott und schuldig vor den Menschen. Schuldig, weil sie entreißen und plündern. Brandschatzen und vergewaltigen. Vertreiben und verstümmeln. Verhaften und töten. Unschuldig, weil sie keiner Fliege... Nie ein Gewehr in der Hand... Nie fremdes Eigentum... Und zahlreicher sind sie, diese Unschuldigen. Hundertmal. Tausendmal. Zehntausendmal... Jedoch wenn die Erde alles zudeckt. Wenn Gras darüber wächst. Wenn die Winde sich drehen, wenn Regen, Sonne, Schnee wechseln... Wer wird schon wissen, ob wir gut oder schlecht waren? Wer unterscheidet dann die Bewaffneten und Ausgebildeten von den Naiven und Unschuldigen? Wer wird ihren Vater und seinen Mörder?... Fünf Minuten nach Mitternacht kam sie auf die Welt. Im Keller unseres Wohnhauses. Begleitet von der Explosion der Artilleriegranaten. Acht Tage nach der Ankunft ihrer Mutter. Trauer und Tränen um den Ehemann. Um Verwandte und Freunde. Um das verbrannte Haus und den gestohlenen Besitz. Wegen der Wunden und Erniedrigungen. Das Ungeborene wird seinen Vater nie... sagte sie. Sie schluchzte, schrie und verdammte im Schlaf. Tagsüber schwieg sie, aß wenig... Für eine, die ihr erstes Kind austrägt, hält sie sich außerordentlich gut, sagten die Nachbarinnen, die den Arzt und die unumgängliche medizinische Hilfe ersetzten. Eine Tochter, fügten sie hinzu. Gesund und munter! Möge das Glück sie... Ihre fünfzig Zentimeter Länge und dreitausendeinhundert Gramm Gewicht feierten wir bei Kerzenlicht und ein wenig Tee. Wir beschenkten sie... Rannten über Straßen und Kreuzungen, um Verwandten und Freunden Bescheid zu geben. Ein bißchen Holz und wenigstens einen Kanister Wasser zu sammeln. Vorsichtig bewegten wir uns im Keller. Lauschten, ob sie atmet. Ermutigten die Mutter, sie müsse wegen ihr... Als drei Tagen nach ihrer Geburt der Strom wiederkam, dann auch noch Wasser, herrschte grenzenlose Freude. Sie ist unser Glücksstern,sagten wir... Und dann an ihrem sechszehnten Lebenstag waren wir glücklich, daß sie trotz der heftigen Schießerei nicht aufwachte. Dann bemerkten wir und die Mutter, daß etwas nicht... Und wieder flossen Tränen. Wehklagen und Verfluchungen. Ungläubigkeit und Stöhnen. Neue Angst und Anspannung. Erneutes Versinken im Treibsand...

FALSCHER ZEITPUNKT ZUM LACHEN

Heute verteilten sie in unserem Viertel Hilfsgüter. Das zweie Mal in zehn Tagen. Ein halbes Kilo Reis, ein Kilo Mehl und Pastete. Aus Hühnerfleisch. Gewicht: hundertfünfzg Gramm... Hilfe von der freiheitsliebenden Welt. Solidarität im Widerstand gegen den Faschismus und jegliches Übel. Rettung vor Isolation. Vor Granaten. Scharfschützen. Hunger. Krankheit. Kälte. Tod... Wir standen in der Schlange, lachten wie Wahnsinnige und fragten uns, wie weit der menschliche Zynismus geht. Was ist das, Bosnien-Herzegowina? Wo liegt Sarajevo? Sind wir noch am Leben, oder bewegen sich nur unsere Schatten?... Eine Granate fiel, und zwei Leben wurden von der Liste für humanitäre Hilfe gestrichen. Einer blieb ohne Beine. Fünf Leichtverletzte... Nach kurzem Aufenthalt im Keller standen wir wieder in der Schlange. Naivität? Verzweiflung? Wahnsinn? Komödie? Angesehene Präsidenten, Premiers, Minister und deren Stellvertreter, Abgeordnete sagten uns während ihrer kurzfristigen Aufenthalte, es wäre nicht der richtige Augenblick, unangemessene Fragen zu stellen. Der falsche Zeitpunkt, Witze zu machen, zu lachen, zu protestieren. Sie sagten, daß Schlangestehen nicht das Schlimmste sei, was uns widerfahren kann, denn die Lage sei außerordentlich ernst und kompliziert... Gebt uns Waffen und wir opfern unsere Erinnerungen und unser Leben, sagten wir. Und wir werden nicht mehr fragen, protestieren und lachen. Nein, sagten sie. Dann verjagt die Tschetniks und befreit die Stadt, sagten wir. Wiederum antworteten sie: Nein! Wir fragten, ob sie wüßten, daß in diesem Augenblick Männer, Frauen, Kinder und Alte herumirrten und von diesem Schafott Leichen aufsammelten, die sie nicht mehr begraben könnten. Sie erzählten uns, sie wären für den Frieden, und Glück könne nicht mit Blut herbeigezwungen werden. Wir fragten sie, ob sie wissen, daß wir sterben, während wir uns erinnern, wie wir schöne, junge Frauen liebten, die heute in der belagerten Stadt über Nacht alt werden. Ob sie wissen, daß Tschetniks auch Kinder vor Erschießungskommandos stellen. Daß sie auf sie schießen und sie abschlachten. Nein, sagten sie. Das wüßten und unterstützen sie nicht. Ihnen graue vor dem Krieg. Besonders vor diesem bosnischen... Am nächsten Tag kamen sie wieder und schleppten Hilfsgüter und ihre Prinzipien an. Verständnis für Opfer und Schmerz. Sie säten Hoffnung... Wir standen wieder in der Schlange, lachten wie Wahnsinnige und träumten von einem Vogel mit riesigen Flügeln, der uns zum Himmel, in die Höhe entführt. So hoch, daß uns keine Kugel erreicht, aber nicht zu hoch, so daß uns die Sonne nicht verbrennt. So hoch und so weit, daß wir Tschetniks nie mehr hören und sehen müßten, auch nicht die UNO-Soldaten, die internationale Gemeinschaft, friedliebende und wohlgesinnte

Politiker. Daß wir wieder fröhlich lachen könnten, wenn wir unsere Erinnerungen durchforsten oder neue Witze ausdenken. Daß wir uns wie Kinder über den Anblick schöner, junger, fröhlicher Frauen freuen könnten, denen wie ein Lächeln entlocken..

ES WAR WIE IM FILM

Er und ich. Beide verwirrt. Voller Angst... Vor etwa zwei Wochen fing der Angriff auf Sarajevo an. Granaten, Maschinengewehrsalven und Scharfschützen. Wir kauerten in einem Treppenhaus, wo wir Schutz suchten. Hier ist es am sichersten, sagte ich. Und wo ist Mama? fragte er. Wahrscheinlich ist sie schon zu Hause, antwortete ich, um meinen Zweifel mit Worten zu verdrängen. Warum schießen die wieder? fragte er. Weil sie verrückt sind, sagte ich. Wir werden nicht schießen, weil wir nicht verrückt sind, schlußfolgerte er. Weil wir nichts haben, womit wir schießen könnten, sagte ich mehr zu mir selbst und umarmte ihn. Dabei spürte ich, wie er zitterte und die Tränen zurückhielt. Ich streichelte sein Haar und sein Gesicht. Hab keine Angst, hier sind wir sicher, sprach ich. Bald sind wir zu Hause... Das Gewehrfeuer ließ nach. Einige Zeit blieben wir in dem Hauseingang stehen. Dann machten wir uns vorsichtig auf den Weg. Vor schutzlosen Strecken beobachteten und horchten wir genau, bevor wir sie durchliefen. Jetzt, rief ich, und wir rannten, so schnell uns die Beine trugen. Du bist schon groß, siehst du, ich kann dich bald nicht mehr einholen. Er lächelte stolz und vergaß für einen Augenblick das Chaos und den Wahnsinn um ihn herum... Mama macht sich bestimmt schon

Sorgen, sagte er, als wir uns hinter einem Haus ausruhten, um neue Kraft für die letzte Kreuzung bis zu unserer Wohnung zu sammeln. Wir beobachteten einen Mann, der an uns vorbeilief. Eine Granate verletzte ihn. Wir warfen uns auf den Boden. Ich bedeckte ihn mit meinem Körper, versuchte aber gleichzeitig, ihn nicht mit meinem Gewicht zu erdrücken. Ich fluchte. Er schrie auf. Ich setzte mich und hob ihn hoch. Streichelte ihn erneut. Redete ihm gut zu und versuchte, überzeugend zu wirken. Wir blickten hinüber zur Kreuzung. Wir sahen ein zerfetztes Bein und einen verkrüppelten Körper, der instinktiv zur gegenüberliegenden Straßenseite kroch, als ob nichts geschehen wäre. Dann hielt der Verletzte inne und wollte nach dem abgetrennten Bein greifen. Man hörte eine Salve aus einem Flugabwehr-MG. Sein Arm war oberhalb des Ellbogens blutig und baumelte, als er ihn an den Körper drücken wollte. Für einige Augenblicke lag er regungslos am Boden, dann kroch er weiter, den Arm hinter sich schleifend. An den Ecken anliegender Häuser bemerkten wir ebenfalls Menschen. Auch an einigen Fenstern. Atemlos beobachteten sie den ungleichen Kampf zwischen Leben und Tod. Zwischen einem hilflosen und schutzlosen Opfer und einem gutbewaffneten und versteckten Schlächter. Dann fingen sie an zu schreien. Sie feuerten den Verwundeten an. Unter größter Mühe kroch er Milimeter für Millimeter auf einen langen Betonblumenkasten zu, der auf dem Gehweg stand und einigermaßen Schutz bot, bevor das nächste Haus erreicht werden konnte. Zwei, drei Meter vor dem

Kasten begann seine Kraft zu schwinden. Der Körper konnte nicht mehr. Dann erschien hinter dem Blumentopf ein langes Stück Holz. Mit der gesunden Hand griff er danach. Je weiter das Holzstück hinter dem Behälter verschwand, umso näher war er dem Schutz. Endlich... Dann hörte man Schluchzen und Applaus. Den Ruf: Bravo! Dann den Schrei: Mein Bein! Ich kann nicht ohne mein Bein! Da erschien wiederum das lange Stück Holz und schob das Bein langsam zum Blumenkasten hin. Erneut eine MG-Salve. Wir drückten uns an die Wand. Der Mann, der das Bein zog, hielt nicht inne. Als ginge ihn die Schießerei nichts an. Neuer Applaus hallte die Straße entlang. Von den Bergen neue Schüsse. Als Zeichen der Drohung oder Bewunderung. Es war nicht mehr wichtig. Sowohl der Verwundete als auch das Bein waren in Sicherheit. Wir zwei blieben noch lange an der Mauer sitzen, die uns Schutz bot... Papa, sagte er, das war wie im Film. Das glaubt mir keiner. Wir machen einen Umweg, sagte ich, umarmte ihn. Zwar ist er viel länger, dafür aber ein wenig sicherer.

EIN ANDERER RHYTHMUS

Ich habe völlig den Schlafrhythmus verloren. Es hält mich an keinem Ort. Nie weiß ich, wann Nacht und wann Tag ist. Die Arbeit bereitet mir nicht das Vergnügen wie früher. Mit der Nahrung komme ich nicht zurecht. Nur mit Zigaretten und ab und zu Alkohol. Wenn vorhanden. Freunde treffe ich immer seltener. Ich habe auch keine Freude mehr an den Erinnerungen aus der Vergangenheit. Auch nicht an Träumen und Erzählungen über das Morgen. Immer öfter irre ich ziellos durch die Stadt. Stundenlang. Tagelang. Vom benachbarten Fenster krächzt ein Papagei. Das Krächzen erinnert an eine menschliche Stimme, aber die Worte kann ich nicht verstehen. Ich komme näher und wundere mich, daß er nicht vor Kälte gestorben ist. Hinter der Plastikfolie, die die Fensterscheibe ersetzen soll, erscheint eine Hand. Der Papagei verschwindet im Inneren. War das ein freiwilliger Ausflug in die Außenwelt oder eine Strafe für das ungehorsame und vielleicht nervtötende Haustier? Ich setze meinen Rundgang fort und suche die Plätze auf, wo wir trotzig gestanden haben, gekleidet wie zu einem Galaempfang. Straßen, die wir auf- und abgegangen sind, als die ersten Granaten auf die Stadt fielen. Als die Heckenschützen ihren ersten Blutzoll einforderten. So haben wir den Tschetniks von den Bergen gezeigt, daß wir uns nicht fürchten. Daß sie gut daran täten zu verschwinden. Daß es an der Zeit wäre, diese Stadt von Eindringlingen, Primitivlingen und Dorfidioten zu säubern. Dies hier ist eine Stadt. Hier ist Zivilisation... Aber sie haben zerstört. Gebäude. Straßen. Cafés. Sie haben gebrandschatzt. Gemordet. Verstümmelt. Orte erkenne ich wieder durch Namen und Gesichter derer, die geglaubt haben, man könne Gewehren, Panzern, Kanonen mit Gesang entgegentreten. Mit Gemälden. Mit Büchern. Mit Schönheit. Mit zivilisiertem Leben. Mit trotzigem Promenieren. Mit Konzerten und Theatervorstellungen... Ich treffe auf Überlebende. Sie hinterlassen ab und zu eine Blume oder werfen einen Blick zu. Auch sie haben keine Lust auf ein Gespräch. Seit langem wissen sie, daß hier... Daß der Konflikt zwischen ruraler und urbaner Kultur längst in blutigstes Morden übergegangen ist. Wir unbewaffnet und festgenagelt in der Stadt. Sie verschanzt in den Bergen. Ich würde gerne fortgehen. Und ich gehe auch fort. Alles hier erinnert mich an den Tod. Alles hat diesen Geruch und diesen Rhythmus. Ehemalige und gegenwärtige Freunde. Und Feinde. Im Park hinter dem Gebäude stoße ich auf einen zerfetzten Hund. Neben ihm liegen die Reste einer menschlichen Hand, die aus Eile von jemandem vergessen wurde. Etwa dreißig Meter weiter vier neue Gräber. Von einigen älteren wurden die Holztafeln mit den Namen bereits entfernt. Die, die sie mitnahmen, hatten ihre Gründe, und ihnen ist nicht groß ein Vorwurf zu machen. Dennoch, wird man sich an all die Namen der Toten erinnern können, denen man die provisorischen Grabsteine weggenommen hat? Hier altert man schnell. Junge Männer und Frauen ergrauen über Nacht und bekommen Falten. Hier unterbrechen Granaten ständig den Schlaf. Ständig klopft der Tod an die Tür. Tote und Krüppel bestimmen den Anblick. Hier ist nicht einmal das geschriebene Wort vor dem Vergessen sicher, geschweige denn die Erinnerungen... Nur noch ein paar Tage. Daß Augen und Ohren so viel wie möglich behalten. Eine Stadt, die ich nie mit etwas anderem vergleichen konnte. Der ich uneingeschränkt alles gegeben habe und von der ich alles, was möglich war, genommen habe. Ich werde versuchen, so viel wie möglich im Gedächtnis zu behalten.

MEIN FAVORIT - EIN ABTRÜNNIGER

Ich konnte es nicht glauben. Weder daß der Krieg angefangen hat noch daß mein Favorit sieben Tage vor Kriegsausbruch, während er von Tabletten, Antibiotika und Verbandszeug sprach, eigentlich Anweisungen für die Bewaffnung der Tschetniks gegeben hat... Wie lächerlich war doch mein Drängen nach einem Friedensgebet... Katholiken, Orthodoxe und Muslime. Menschen sämtlicher Weltanschauungen gemeinsam. Quer durch alle Gotteshäuser Sarajevos. Quer über alle Plätze hinweg. Eine direkte Radioübertragung gegen den hochgeputschten Faschismus, gegen das Böse, gegen die Ungeheuer der Hölle. Gegen das Töten im Namen Gottes und im Namen der Religion. Im Namen der Nation... Katholische und muslimische Würdenträger willigten gleich nach dem ersten Telefongespräch ein. Mein Favorit war zunächst nicht anwesend. Dann kam er, war jedoch beschäftigt. Dann reiste er von Tuzla nach Belgrad, von dort wieder nach Sarajevo. Um dem Kongreß serbischer Intellektueller beizuwohnen. Dort saß er in der ersten Reihe. Seite an Seite mit denen, die in den letzten Jahren immer offener ihren Haß gegen Bosnien gezeigt hatten. Die aufriefen zum heiligen Krieg gegen alles, was nicht serbisch und orthodox ist. Aber Protokoll ist nun mal Protokoll, dachte ich beim Anblick der Menschen, die an den Wladika herantraten, ihm die Hand küßten, und er segnete sie... Es freut mich, daß wir uns endlich sehen, sagte der Wladika. Seit Monaten reden wir per Telefon... Und während wir nach einer ruhigen Ecke Ausschau hielten, kamen Menschen, die ich auf ähnlichen Versammlungen gesehen hatte. Auch sie küßten seine Hand. Auch sie wurden von ihm gesegnet und warfen ihm fragende Blicke zu. Dann sprach der Wladika: Was ist euer Anliegen? Und sie sprachen von Bosanski Brod, von den umliegenden Städten und Dörfern. Und der Wladika sprach von Tablettenmengen, Verbandszeug und Antibiotika, die von Sarajevo, Banjaluka, Tuzla, Doboj zu diesen Orten gebracht werden müßten. Welcher Weg eingeschlagen werden muß. Wie die Polizeipatrouillien umgangen werden können. Welche Kasernen aufgesucht werden müssen, in denen sich "unsere Leute" aufhalten... und dann sagte der Wladika zu mir, man müsse den Verletzten und Verunglückten helfen. Ich nickte zustimmend und erzählte weiterhin von der Notwendigkeit eines Friedensgebetes. Der Wladika zeigte mir seinen Terminkalender. Diese und die darauffolgende Woche hatte er einfach keine Zeit. Es täte ihm sehr leid. Er konnte auch niemand anderen vorschlagen, denn schließlich war er der erste unter seinesgleichen in Bosnien. Auf seinen Schultern... Sollte ich irgend etwas benötigen... Es wäre mir eine Freude, sagte er und nahm erneut seinen Platz in der ersten Reihe ein... In den folgenden Tagen wurde viel benötigt. Und ich dachte oft an den Wladika. Besonders dann, als die Tschetniks Zvornik einnahmen. Und der Journalist aus Belgrad mit Schaum vor dem Mund mitteilte: ...und endlich weht nach fünfhundert Jahren die serbische Fahne von der Moschee in Zvornik, begleitet von serbischen Heldenliedern... Ich traute meinen Ohren und glaubte den Fernsehbildern nicht. Ich konnte auch nicht glauben, daß der Wladika schwieg... Schließlich glaubte ich den Berichten und Aufnahmen, die zeigten, daß mein Favorit Schlächter und Mörder segnete. Diejenigen, die brandschatzen und vergewaltigen. Daß er weiterhin in der ersten Reihe sitzt, die ausschließlich für die Befehlshaber der berühmten Aktionen der ethnischen Säuberung reserviert ist. Daß er sie segnet und den Eindruck erweckt, ihre Taten geschähen im Namen des einzigen Gottes. Im Namen der Kirche und im Namen des orthodoxen Kreuzes... Ich schrieb meinen Favoriten ab. Und ich vergaß meine Gespräche über den Glauben an Gott als eine Kulturfrage und nicht in erster Linie als Frage der Idee, der Ideologie und der Dogmatik. Ich schrieb auch seine Worte über Gottesfurcht und Höllenqualen ab. Ich vergaß seine Worte über die Notwendigkeit der Humanität und der Aufopferung für den Mitmenschen und nicht für irgendwelche Angehörige einer Nation oder Religion. Ich schrieb ab... Und vergaß... Aber ich träume oft von dem Wladika. Wie er auf der Anklagebank sitzt, ich den Gerichtssaal betrete und ungläubig frage: Wie kommt mein Favorit unter die Abtrünnigen, die sich losgesagt haben von den Menschen und von dem einzigen Gott?

WEDER LEBENDIG NOCH TOT

Betrunken. Ohne zu wissen, wo er sich befindet, versuchte er, die Abzeichen von seiner Uniform abzureißen... Dessentwegen, was er gesehen hat oder was er gemacht hat?... In einem fort wiederholte er: Ich will nach Hause! Nach Hause! Hörst du? Ich habe die Schnauze voll vom Töten, vom Abschlachten! Vom Ausheben der Schützengräben und Gräber! Vom Angreifen und Zurückziehen... Am nächsten Morgen konnte er sich an nichts erinnern. Nur an die Namen. An seinen eigenen und an den Ort, wo er herkam. Dort befindet sich ein Gefangenenlager, sagten sie ihm. Er nickte und sagte: Ich war nur Wächter an der Zufahrtsstraße. Ich bin kein Freiwilliger. Ich wurde eingezogen. Ich habe niemanden getötet... Höchstens zufällig. Vom Schützengraben aus... Er zählte die Leiter des Gefangenenlagers auf. Die, die verhaften. Die rauben. Vergewaltigen. Menschenverkaufen. Liquidieren. Verstümmeln... Und er sagte, er kann nicht mehr. Will nicht mehr. Daß er zu seiner Frau und zu seinen Kindern... Sie zeigten ihm das Geld und den Schmuck, den sie in seiner Uniform gefunden hatten. Er war ein wenig verwirrt. Dann sagte er, er hätte das von anderen Tschetniks gestohlen, nachdem er beschlossen hatte zu fliehen. Dann brachten sie diejenigen, die bis vor kurzem im Lager gefangengehalten wurden, in dem er "nur die Zufahrtsstraße bewacht hatte". Kein einziger von ihnen erkannte das Gesicht. Die Mehrzahl der Tschetniks trugen Strumpfmasken über dem Gesicht, sagten die ehemaligen Gefangenen. Aber er soll sprechen. Singen und gröhlen. Und fluchen... Sie erkannten die Stimme wieder. Dann sagte einer von ihnen, er soll so tun, als ob er einen auf dem Boden Liegenden zusammenschlägt. Er tat dies, und sie erkannten die typische Handbewegung. Er sagte, sie irren sich. Er hätte nie... Und dann sagte eine Frau mittleren Alters, er solle sich eine Strumpfmaske mit Augenschlitzen über das Gesicht ziehen, denn die Augen würde sie nie vergessen... Sie stülpten ihm eine Gesichtsmaske über den Kopf. Und schnitten Augenschlitze aus. Und sie kam immer näher und näher heran, um genauer sehen zu können. Um sich zu überzeugen, daß dies die Augen sind, die sie und ihre fünfzehnjährige Tochter... Dann hörte man das Splittern einer Glasflasche. Röcheln. Einen Schrei und das Zu-Boden-Stürzen eines menschlichen Körpers. Sie stand still. Wir blickten uns ungläubig an. Dann den Tisch, wo kurz zuvor die Flasche mit Wasser gestanden hatte. Und wiederum die Frau mittleren Alters. Dann ihn, der sich am Boden wand und nach Luft schnappte. Der versuchte, sich die halb zerbrochene Flasche aus dem Hals zu ziehen. Der Arzt sagte später, es war richtig, die Flasche herauszuziehen und die Arterie abzudrücken. Trotzdem, er ist weder lebendig noch tot, und niemand weiß, was geschehen wird, bis er ins Krankenhaus kommt... Egal, was geschieht, das ist nur der Anfang, sagte die Frau mittleren Alters. Das Ende wird erst dann sein, wenn wir all unsere Bluthunde aufspüren. Wir, die wir weder lebendig noch tot sind. Wir, die wir weder Mütter noch Stiefmütter sind. Wir, deren Töchter weder Mädchen noch Frauen sind. Wir werden alle aufspüren. Denn ihre Hände. Augen. Stimmen. Seufzer. Unser Leid. Trauer. Ekel. Unseren entfachten Haß kann euer Schweigen und euer Mitleid nicht auslöschen. Auch nicht ihre Reue... Wir schlossen die schwere Eisentür und hörten sie nicht mehr. Uns tat es leid, einen gut informierten und kooperativen Gefangenen verloren zu haben. Was die Frau mittleren Alters anging, wußten wir, daß der Psychiater sagen würde, sie sei weder fürs Gefängnis noch fürs Gericht. Sie sei geistesgestört, und eine psychiatrische Behandlung wäre vonnöten, wird in ihrem Dossier stehen.

COMICS, FILME UND ANDERES

Vom ersten Tag an verteidigten sie die Stadt und die Heimat. Wenn es nötig war, teilten sie sich zu dritt oder zu viert ein Gewehr. Ihnen gegenüber standen Kanonen, Panzer, gepanzerte Fahrzeuge, Minenwerfer, Maschinengewehre, automatische Gewehre und gut ausgebildete Scharfschützen. Wilde und Zugereiste werden doch wohl in unserer Stadt nicht das Sagen haben, sprachen sie und animierten Verwandte, Freunde, Bekannte. Auch solche, die sie von der Ferne aus bewunderten. Unerschrocken stürmten sie. Wie Helden aus Comics und Filmen, mit denen sie aufgewachsen waren und die sie liebten. Sie stellten Hindernisse auf. Erbeuteten Waffen. Munition. Nahrung. Uniformen. Sogar Kampffahrzeuge. Von dem, was vor dem Krieg war, sprachen sie als Teil einer Vergangenheit. Sie standen mit dem Gesetz in Konflikt, aber das war eine andere Zeit. Oder war das jetzt eine andere Zeit? Sie leerten Lagerhallen und Geschäfte. An die Bevölkerung teilten sie kostenlos Waren aus. Zumindest erzählte man davon. Sie durchsuchten die Wohnungen derer, die zu den Tschetniks übergelaufen waren. Anschließend die von allen Verdächtigen. Man erzählte sich, daß Leute von ihnen Waren teuer auf Märkten verkauften. Sie erklärten, daß dies nicht stimme. Es seien alles nur Erfindungen. Daß es zwischen ihren teuren Autos und Raub und Plünderungen keinen Zusammenhang gäbe. Daß aus Sicherheitsgründen Telefone an- und ausgeschaltet würden. Daß Gefangene aus Lagern der Tschetniks aus humanitären Gründen und aus Freundschaft befreit würden. Daß sie ihre Viertel nicht vor anderen Schwarzhändlern, sondern vor Tschetniks beschützten. Daß ihre gegenseitigen Abrechnungen eine Kurzschlußhandlung in der Suche nach politischen und militärischen Lösungen im Befreiungskampf darstellten. Daß Lieder über ihr Heldentum nicht bestellt wurden, sondern spontan vom Volk... Gegenseitig listeten sie ihre Kriegsgewinne öffentlich auf. Befreundeten und zerstritten sich untereinander. Zählten immer mehr Helfer an ihrer Seite. Immer mehr wirkliche und erfundene Kämpfer und Erfolge. Immer seltener wurden sie mit führenden Politikern gesehen. Sie hatten immer weniger Verständnis für andere, so wie die anderen für sie. Sie vergaßen völlig, Waren kostenlos auszuteilen. Auch sprachen sie immer seltener von Wilden und Zugereisten... Ihre Viertel wurden immer kleiner. Ärmer. Und unbedeutender. Und sie fingen an zu verschwinden. Die Glücklicheren verschwanden aus der Stadt, und die weniger Glücklichen in Gräbern. Niemand regte sich auf. Oder beklagte sich öffentlich. Niemand sang Heldenlieder. Und niemand schenkte der Tatsache Beachtung, daß die Viertel keine Bewacher mehr hatten. Daß ihre ehemaligen Einheiten neue Befehlshaber hatten. Daß sie an der vordersten Frontlinie kämpften. Sogar die größten Liebhaber von Comics und Filmen des Typs "Töte alle und kehre allein zurück" verstummten. Auch sie hatten nicht mehr die Kraft, das Verständnis und den Willen. Auch nicht die Kommentatoren, die über Verhaftungen von Dieben, Hetzern, Provokateuren, grundlosen Aufständischen, Landstreichern und zufälligen Passanten berichteten. Die Politiker hatten ohnehin wenig Verständnis für Comics und Filme, genau wie die von ihnen eingesetzten Befehlshaber. Aber die Zeit verging unerbittlich, und der Krieg geriet in eine neue Phase; immer weniger erinnerte er an den Anfang, wo Robin Hood und James Bond das Sagen hatten. Selten geworden sind die Hausfrauen, die - wenn sie die Märkte abklappern, um etwas zu finden, aus dem sie ein Mittagessen kochen können, was nicht gleich die Welt kostet - nach denjenigen fragen, die einst an ihre Tür klopften und fragten: Gnädige Frau, benötigen Sie Lebensmittel, Zigaretten, Kaffee, Bekleidung?... Normalerweise wurde ihnen geantwortet, sie werden noch früh genug erfahren, wann solche Filme wieder gedreht werden, und man fragte sie, ob sie D-Mark oder Dollar dabei hätten. Geschichten über Gutscheine, Befreiungskampf, bosnische Dinars und über Robin Hood und James Bond wollten sie nicht hören. Comics und Filme waren für sie Dummheiten, erfunden von der müßigen Welt. Und das, was gestern geschehen ist, ist das gleiche wie vor zehn, hundert, fünfhundert Jahren. Wir kennen keinen Juka, sagten sie, obwohl sie gestern mit ihm... Morgen? Ja, morgen, das ist was anderes, aber bestimmt kein

Comic und kein Film. Und, lieber Bruder, genug gequatscht, laß uns handeln, wenn du richtiges Geld hast. Falls nicht, warte, bis James Bond und Robin Hood zurückkehren, und mach Platz am Verkaufsstand für richtige Kunden.

WORTE

Obwohl er Bescheid wußte, hat er uns nichts gesagt, sagte sie. Er ist nicht der einzige, erwiderte ich. Aber einzig für seine Frau und sein Kind haben wir in den Vorkriegswirren schon Flugtickets organisiert. Richtig, entgegnete ich und drehte weitehin die Wählscheibe. Andere kannten wir oberflächlich, aber mit ihm waren wir richtig befreundet, wir haben uns jeden Tag getroffen, fügte sie hinzu. Freundschaft ist eine besondere Kategorie zwischenmenschlicher Beziehungen, sagte ich und versuchte zu lächeln. Sie sah mich verärgert an... Wir vernahmen einen Schuß und ließen uns fast gleichzeitig zu Boden fallen. Wir krochen zum Heizkörper. Umarme mich, sagte sie und preßte sich an den Heizkörper, wobei sie mich fest umklammerte. Wir lagen lange auf dem Boden und horchten genau... Ich gehe in den Flur, sagte ich. Und wenn sie wieder schießen? fragte sie. Das werden sie nicht, antwortete ich und versuchte überzeugend zu klingen, während ich durch die Wohnung kroch. Die Wand zwischen dem Flur und Sanjins Zimmer hat ein Loch, rief ich. Spinn nicht rum und mach keine blöden Witze, sagte sie böse. Komm, entgegnete ich... Wir öffneten die Zimmertür. In der Fensterscheibe war ein kaum sichtbares Loch. Ein viel größeres war in der Wand. Zwanzig Zentimeter über den Bett, in dem... Sie schrie auf. Ich umarmte sie und erzählte Unsinn über Glück und Schicksal. Du bist verrückt, schrie sie. Laß mich! Sie werden uns wie die Fliegen umbringen. Vom Vrac ist unsere Wohnung gut sichtbar. Ich schwieg und ging zum Telefon. Und wenn das Kind im Bett gewesen wäre? fragte sie und zündete sich eine Zigarette an. Ich legte den Hörer auf und ließ mich zu Boden gleiten. Ich sagte nichts und starrte das Loch in der Wand zwischen Sanjins Zimmer und dem Flur an. Laß uns gehen, sagte ich plötzlich und stand auf. Du wirst ihn nicht anrufen? fragte sie. Wozu, sagte ich. Glaubst du, er begreift, was uns dieser Heckenschuß bedeutet?

DIE BASTARDE SOLLEN HELDEN SEHEN

Sie kommt mit uns, sagten sie und zerrten sie zur Mitte des Hofes. Viel zu schade, wenn sie alleine im Lager bleibt und niemand sie bumst... Sie lachten wie Wahnsinnige. Schubsten einander. Rissen ihr die Kleider vom Leib. Küßten und bissen ihr Brust, Lippen, Gesicht... Auf jeden ihrer Schreie antworteten sie mit noch lauterem Gelächter. Riefen diejenigen, die die übrigen Gefangenen auf Lastwagen scheuchten. Was für ein Arsch, brüllte ein Bärtiger. Schlag' die Plane zurück, damit die Bastarde Helden sehen... Sie warfen sie auf den Boden. Ich bin zuerst dran, rief der bärtige Tschetnik und öffnete die Hose. Ich habe sie ausgewählt... Bring' einen Tisch, schrie ein glatzköpfig geschorener Tschetnik. Du fickst sie und mir soll sie einen blasen. Sie lachten und umarmten sich... Laßt sie ganz, rief eine zahnlose Gestalt und schleppte einen Tisch aus dem Haus an... Hörst du mich? schrie der Bärtige und schob sein Geschlechtsorgan in sie hinein. Runter mit den Bastarden vom Laster. Sie schrie. Der Tschetnik, der die Plane festband, fragte desinterressiert: Wirst du sie wieder aufladen? Fick deine Mutter, schrie der Bärtige, stöhnend. Runter mit ihnen, wenn er es dir sagt, rief der Glatzkopf und schob sein

Geschlechtsorgan ihr in den Mund. Mach schon, du Nutte, schrie der Bärtige und schaute zum LKW hinüber. Unter der Plane holten sie ihren Sohn, ihren Mann und ihren Vater hervor... Langsam, rief der Glatzkopf. Du mußt ihn mir zärtlicher lecken und küssen. Keine Angst, er läuft dir nicht weg... Ein Schrei. Und noch einer. Ihr Mann lief herzu. An Armen und Beinen gefesselt. Auch der Vater. Sie wurden von Gewehrkolben und Soldatenstiefeln empfangen. Und neuem Gelächter. Die Frau übergab sich. Was ist, du Nutte, schrie der Glatzkopf, so viel Sperma bist du nicht gewöhnt? Der Bärtige stöhnte und brüllte. Die zahnlose Gestalt zog die Hosen herunter und trat an ihr Gesicht. Halt, schrie der Glatzkopf, gib dem Kleinen Schokolade, und ich werde sie dir geben, sagte er und zeigte auf das Kind, das sich abwechselnd die Augen und die Ohren zuhielt. Genau, sagte der Bärtige und wischte sich sein Geschlechtsorgan an den Resten ihrer zerfetzten Kleidung ab. Dem Kleinen Schokolade und dem Alten einen Mundvoll Pisse. Sie lachten. Soll ich sie zusammenficken? fragte der Glatzkopf den Bärtigen. Mach, sagte der Bärtige und beobachtete genau, wie die zahnlose Gestalt das kleine Kind streichelte und ihm Schokolade in die Hand drückte. Deine Mutter ist eine Nutte, sagte die zahnlose Gestalt, und dein Vater ist ein Verbrecher. Aber du wirst ein richtiger Tschetnik werden, falls du nicht beschnitten bist...Das Kind warf die Schokolade weg und rannte zum Hofausgang. Die zahnlose Gestalt hinterher. Sie holte das Kind ein. Und trat es heftig mit dem Fuß. Dann noch einmal. Auf den Kopf.

Dann noch einmal. Noch einmal. Bis der kindliche Körper sich nicht mehr regte und auf die Tritte nicht mehr reagierte. Und die zahnlose Gestalt fluchte. Sie murmelte: Du wirst mir Schokolade wegschmeißen. Ungetaufter Bastard... Pech, schrie der Bärtige. Fast hättest du... Und du wolltest ihm erlauben, sie zu ficken, schrie der Glatzkopf und grabschte ihr bald in die Brust, bald in den Hintern, als ob er ihre Schreie nicht hörte. Rauf in den Laster mit ihnen, fuhr der Bärtige die zahnlose Gestalt an und zeigte auf den Vater und den Mann. Und die zahnlose Gestalt nahm erneut Anlauf und trat die fast leblosen Körper. Dann hielt er inne, um sich auszuruhen. Um sich zu fassen. Er nahm eine Pistole und schoß. Zuerst auf einen Kopf, dann auf den anderen. Runter mit der Plane und losfahren, rief er dem Tschetnik zu, der die ganze Zeit neben dem Lastwagen gestanden und sich alles unbeteiligt angeschaut hatte. Sollen wir sie auch wegschicken? fragte der Glatzkopf, sich die Hose zuknöpfend, und wies mit dem Kopf auf die Frau, die auf dem Tisch liegenblieb. Nein, lachte der Bärtige. Wir nehmen sie mit, bis wir was Besseres finden.

ILLUSTRATION

Monatelang hatte ich nichts von ihm gehört. In diesem Kriegsstrudel hatte ich sogar vergessen, nach ihm zu fragen. Was er machte? Ob es ihm leid täte, daß er mit der neuen Wohnung nicht noch ein wenig gewartet hat? Daß er wegen der Verwirklichung eines Lebenstraumes - nämlich, eine eigene Wohnung zu besitzen -, sich plötzlich auf der ersten Linie tschetnischer Angriffe wiederfand... Dann der Schock. Nicht wahr haben wollen. Den Augen nicht trauen wollen. Vorname, Nachname, Geburtsjahr, Strich, dann Todesjahr... Sechs Jahre lang waren wir die nächsten Nachbarn gewesen. Wir waren befreundet gewesen und hatten uns weitestgehend verstanden. Ich kenne seinen Vornamen, den Nachnamen, das Geburtsjahr... Ich kenne die Ehefrau und den Sohn. Mir würde sogar der Hochzeitstag wieder einfallen. Auch der Geburtstag des Sohnes. Und noch viele andere Kleinigkeiten.

Ich schrieb einen der zahlreichen Texte für die Zeitung. Eine Art Bericht über Sarajevo im Krieg. Über Menschen, die ich liebte und immer noch liebe. Denen ich begegnet war. Die ich kannte. Über diejenigen, die mich enttäuschten...

Die Illustration zu den Texten überließ ich der Redaktion, die Kilometer von Sarajevo und den

Kriegszerstörungen entfernt war. Sollten sie versuchen, in meinen Impressionen und Erlebnissen ihre Sichtweise über die Stadt und über sterbende Menschen, ihre eigene Sichtweise zu finden. Und sie versuchten es. Neben dem Text erschien das Foto eines Friedhofs. Eines der zahlreichen, die in Parks, Höfen und Fußballstadien im besetzten Sarajevo emporschossen. Im Vordergrund ein Grab mit einem Holzstück, darauf sein Name, Nachname, Geburtsjahr und Todesjahr. Ich erstarrte. Verstummte. Vor Überraschung. Und Wiedererkennen. Vor der unausgesprochenen Frage: Was ist mit dem Rest der Familie?... Vor Angst, daß diejenigen recht behalten werden, die behaupten, alle, die das belagerte, ausgehungerte, verwundete Sarajevo überleben, werden den Rest ihres Lebens damit verbringen, Wahrheiten über liebe Menschen und Freunde aus Zeitungen, Büchern und Videos zu sammeln. Immer werden wir stumm dastehen vor Schreck bei einem unerwarteten Wiedererkennen. Bei der Erkenntnis, vieles vergessen zu haben. Verloren. Vorausgesagt.

DIE STRASSENBAHNKLINGEL

Ich stehe am Fenster und schaue auf den Trebević und Vrac. Und warte. Auf neue Granaten. Neue MG-Salven. Heckenschüsse... Ich kann die Stille nicht ertragen. Wie die Leute die Straßen entlangkriechen. Zu Fuß. Auf Fahrrädern. Sie schleppen Wasser. Holz. Lebensmittel... Wenige Autos, Lastwagen, Busse. Hauptsächlich fahren sie in Ost-Westrichtung. Einge nach Norden. Niemand aber in Richtung Süden. Dort, dreihundert Meter entfernt, liegt der Fluß Miljacka. Die tschetnische Ausgabe der Berliner Mauer. Die Grenze in Sarajevo... Ich hörte die Tür nicht. Ein Schulterklopfen riß mich aus den Gedanken. Wie geht es dir, fragte die Professorin leise. Ich nickte als Antwort. Hast du vorhin das Straßenbahnläuten gehört? fuhr sie ruhig fort und setzte sich in einen Sessel. Ich lächelte. Hat dich die Stille fertiggemacht? fragte ich. Denk' nicht, ich wäre verrückt. Ich weiß, daß Straßenbahnen seit mehr als sechs Monaten nicht mehr funktionieren und daß sie in... Aber du kannst mir glauben. Ich habe es genau gehört. Natürlich hast du, sage ich. Gleich um die Ecke verkaufen sie Fahrkarten für Sonderfahrten... Idiot, schrie sie auf. Ich dachte, wenigstens du... Ich umarmte sie und strich ihr durchs Haar. Einen Augenblick lang hielt sie still, sprang dann aber auf. Natürlich denkst du, ich sei verrückt! Sie warf die Tür hinter sich zu. Ich lachte. Ein wenig über mich, ein wenig über sie... Die zu erledigende Arbeit ließ mich die unerträgliche Stille vergessen... Die Tür geht plötzlich auf. Die Professorin kommt hereingerannt. Komm, schreit sie. Komm schnell. Sie nimmt mich an der Hand. Ich laufe ihr hinterher zum anderen Ende des Gebäudes. Wir halten vor einem Fenster. Ohne Glas, wie die meisten. Schau und hör ihm zu, schreit sie. Wem? frage ich und lächle. Das gelbe Auto, sagt sie. Ich sehe sie an und schüttle den Kopf... Ich bin nicht verrückt, sagt sie. Nein! In diesem Augenblick hörte man eine Straßenbahnklingel. Hab ich's dir nicht gesagt, ha? schreit sie wie ein Kind. Hast du es auch gehört? Du kannst nicht sagen, daß du es nicht gehört hast... Ja, ich hab es gehört, antworte ich lachend. Das ist vollkommener Wahnsinn... In dieser Stadt leben die größten Idioten, Taugenichtse der ganzen Welt, sagte die Professorin, während sie genau beobachtete, was sich auf der Straße abspielte. Dort drehten sich die Leute panikartig um. Fuchtelten mit den Armen, als wollten sie sagen, daß nicht mehr mal mehr Verlaß auf die eigenen Augen und Ohren sei. Eine Straßenbahnklingel statt einer Autohupe, sagte die Professorin. Eine Bombe könnt' ich ihm jetzt... Weil der uns zum Narren hält, und ich hab's geglaubt, werde ich den ganzen Vormittag von den Leuten als Idiot angesehen. Menschen sterben. Verhungern. Erfrieren, und dieser Kerl macht solchen Blödsinn... Das Auto bog langsam um die Ecke, und wieder ertönte die

Klingel. Schnell wichen die Passanten von den Trambahnschienen. Dann drehten sie sich um. Begannen zu lachen und die Köpfe zu schütteln. Die Professorin keifte und fluchte noch eine Weile, dann lud sie mich lächelnd in eines der wenigen noch geöffneten Cafés ein. Zur Feier des Tages. Daß wir noch am Leben sind, und daß uns diese unerträgliche Stille noch nicht in den Wahnsinn getrieben hat.

GEBETE UND FLÜCHE

Mein Gott! Der du alles siehst! Alles weißt! Du mußt Bosnien kennen! Es gesehen haben! Von Anfang an! Du brauchst keine Berichte. Weder von Fachleuten noch von Journalisten. Von Augenzeugen aus Lagern. Von Verstümmelten. Von Hungrigen. Von Vergewaltigten. Von Ausgeraubten. Erfrorenen. Lebendig Begrabenen. Dem Tod von der Schippe Gesprungenen... Ich sah und hörte. Mit Verwunderung. Trauer. Leichtem Schauer. Ich ging im Hof auf und ab und um ihn herum. Er schenkte mir keine Beachtung. Er kniete, den Blick gen Himmel gerichtet, im Gebet versunken. Ich räusperte mich. Noch einmal. Dann noch einmal. Aber er hörte nicht auf. Die Stimme klang wie bei einem Gebet. Aber die Worte? Die Art und Weise? Mit einer Handbewegung gab ich ihm zu verstehen, daß ich gehe und ein anderes Mal wiederkommen werde. Er winkte mir zu, ich solle bleiben. Er sprach noch einige Worte, stand auf und reichte mir die Hand. Ich sprach ihm mein Beileid aus. Er führte mich in den großen Garten hinterm Haus... Da sind sie. Alle. Ich habe keine Sorgen mehr, sagte er. Fünf Mitglieder meiner großen Familie. Drei Tage war ich weg, und das reichte... Ich konnte nicht früher, sagte ich. In diesen Tagen wurde bei uns auch geschossen. Ich weiß, sagte er und führte mich zu einer Holzbank an der Hausmauer... Den Sohn haben sie mit einem Messer an die Tür gespießt, sagte er, die Stille mit einer emotionslosen Stimme durchbrechend. Der Frau haben sie die Brüste weggeschnitten. Den Bauch aufgeschlitzt. Die Tochter... Ich weiß, sagte ich. Man hat es mir erzählt. Er verstummte. Senkte den Kopf, richtete dann seinen Blick auf mein Gesicht. Deinen Augen sehe ich an, daß du lügst, sagte er. Meine Geschichte bereitet dir Übelkeit. Du hast Angst. Dabei hast du so viel Tod gesehen. So oft bist du vor ihm geflohen... Ich schwieg. Wie ein Kind, das bei einer Lüge ertappt wurde. Ungeschickt zupfte ich an meiner Hose. Säuberte meine Turnschuhe. Verzeih, preßte ich hervor. Auch das ist Leben, sagte er und bot mir eine Zigarette an. Ich wußte nicht, daß du an Gott glaubst, sagte ich und blies den Rauch aus. Er lächelte säuerlich. Ich auch nicht, sagte er. Aber ich muß es überprüfen. Mich und Gott. Gebete und Flüche... Diese deine Gebete? fragte ich... Sind nur meine Gebete, sagte er. Mein persönliches Verhältnis zu Gott... Willst du zu mir kommen? fragte ich. Ein wenig ausruhen? Damit die Zeit... Erzähl keinen Unsinn, unterbrach er mich scharf. Ich kann nur hier sein. Bei ihnen und mit ihnen. Wo immer ich bin, träume ich von ihnen. Im Wachsein und im Schlaf. Ich schreie. In einer mondlosen Nacht sehe ich sie heranschleichen... Plötzlich stand er auf. Schau mal wieder vorbei, sagte er. Ich bin immer zu Hause. Natürlich, antwortete ich und folgte ihm zum Hof. Wo soll ich das hinstellen? fragte ich und zeigte auf die

Plastiktüte und auf das, was ich laut altem Brauch zur Beileidbekundung mitgebracht hatte. Komm herein, sagte er, ohne sich umzudrehen... Es ist nicht viel, sagte ich beim Hinausgehen. Ich habe es auf den Tisch im Eßzimmer gelegt und du... Ich hielt inne. Wiederum kniete er in der Mitte des Hofes, den Blick zum Himmel gerichtet. Daß auch auf Tschetniks und deren Kinder wenigstens einen ganzen Tag und eine ganze Nacht Granaten fallen, drang im Gebetsrhythmus zu mir. Daß ihnen Kindergärten und Schulen, Krankenhäuser, Bus- und Trambahnhaltestelle, wenn sich am meisten Menschen dort befinden, daß ihnen ihre Häuser und alles, was sie geschaffen haben, zerstört werden. In die kleinsten Teile zerlegt werden. Angezündet und zu Asche verbrannt... Ich blieb noch einen Augenblick. Er drehte sich nicht um. Während ich fortging, begleiteten mich noch lange seine Worte: Daß sie sterben und nicht sterben können. Daß ihnen wilde Verbrecherhorden und Plünderer, Mörder und Schlächter im Namen des orthodoxen Gottes, im Namen von irgend etwas ihre Frauen und Kinder, Mütter und Schwestern, Väter und Brüder vergewaltigen und abschlachten. Daß Scharfschützen sie wenigstens einen Tag lang verfolgen. Daß ihre Neugeborenen durch das Messer, durch Granaten und Gewehre verstümmelt und tot zurückbleiben. Daß andere ihnen sagen, was sie sich selbst und anderen antun sollen. Aus ihrer Monstrosität heraus. Zu ihrem Vergnügen und zur Genugtuung... Es gelang mir nicht, loszukommen von seiner Stimme, seinem Gebet, seinem Fluch, seinem Unglück, seinem Niederknien, seinem zum Himmel gerichteten Blick, seinem Singsang. Weder im Traum noch in der Wirklichkeit. Ich habe alles gesehen und gehört. Jedes Detail. Jedes Geräusch. Was vorhanden war und was er sich gewünscht hat. Ich war naß vor Schweiß. Ich schrie. Floh. Als hätte er zu mir und nicht zu ihm... Als bräche das ganze Leid und die ganze Trauer, die ganze Armut der umzingelten Stadt und der umzingelten Welt über meinem Kopf herein. Als wäre ich dazu verurteilt, fremde Leben und fremden Tod zu durchleben. Als hätte ich nicht genug eigenes Leid, eignes Bangen, Ängste, ungewollte Verluste, zerronnene Hoffnungen... Vor Wut und Trauer weinte ich. Und betrank mich. Aber nichts. Nichts konnte ich tun.

ZWISCHEN UNS...

Wir beobachten uns. Ich drinnen. Er draußen. In meinen Händen Papiere. In seinen ein Gewehr. Ein automatisches. Russischer Herkunft. Zwischen uns die Beine eines auf dem Sitz stehenden französischen Soldaten, der durch die Kuppel des Panzerfahrzeugs die Umgebung beobachtet und dabei ein automatisches Gewehr in den Händen hält. Die Hintertür des weißgefärbten Militärfahrzeugs steht offen. Fast acht Monate Leben an entgegengesetzten Fronten in einem umzingelten, aber nicht besiegten Sarajevo... Gegenseitig lesen wir uns die Überraschung von den Gesichtern ab. Verwirrung... Alte Gewohnheit. Fast wären die Hände ausgestreckt gewesen. Fast wäre mir ein Freudenschrei entfahren über die Begegnung mit einem guten alten Bekannten. Einem Freund. Dann seine Stimme: Die Papiere! Der Umschlag mit Genehmigungen, Bestätigungen und Beglaubigungen ging von meiner Hand in seine über. Unachtsam warf er das Gewehr über die Schulter und blätterte aufmerksam die Unterlagen durch. Auf seiner Tarnuniform entdeckte ich die Abzeichen eines Hauptmanns. Auf seinem Gesicht Müdigkeit. Am Hals eine Kette mit einem großen Kreuz. Aus Gold. Ich lache mit den Mundwinkeln. Er beobachtet mich aus den Augenwinkeln. Unsere Blicke treffen sich. Dann wendet er sich schnell den Unterlagen zu und ich der niedergebrannten Umgebung. Dann schätzen wir uns wieder heimlich ab. Die linke Hand mit den Papieren zittert ein wenig... Vor Kälte? Unbehagen? Aufregung? Er kommt einen Schritt näher heran. Mit seinem Blick durchforstet er genau das Innere des Transporters. Weder mich noch meine zwei Mitreisenden fragt er irgend etwas. Der französische Soldat tritt nervös von einem Bein aufs andere. Ruft dem Fahrer des Transporters irgendwas zu. Beide lachen. Die restlichen Mitglieder des Panzerfahrzeuges vertreiben sich die Zeit mit Auf- und Abgehen in zwei Meter Entfernung. Die restlichen Mitglieder der Tschetnik-Patrouillie unterhalten sich und rauchen einige Meter von uns entfernt. Ein Hund reibt sich an ihren Beinen. Jemand von ihnen gibt ihm einen Tritt. Der Hund jault auf und rennt zu einem niedergebrannten Autowrack, wo er weiterjault. Dieses Jaulen scheint uns wachzugerütteln. Alle richten ihren Blick auf den Platz, wo er Schutz sucht. Einer der Tschetniks wirft einen Stein. Das Scheppern des ausgebrannten Blechs verjagt den Hund. Weiterhin schweigen alle. Er ordnet langsam die Dokumente und legt sie zurück in den Umschlag. Meine Mitreisenden versuchen den Eindruck von Desinteresse zu erwecken, aber ihr Blick ist in jedem Moment auf die Papiere und die Tschetniks gerichtet. Endlich sind die Papiere im Umschlag, den mir seine Hand herüberreicht. Ich nehme den Umschlag entgegen, der das Besteigen der UNO-Flugzeuge ermöglicht. Er läßt ihn nicht los, und ich ziehe nicht. In der Luft beben erneut unsere Worte. Blicke, die immer schneller Nervosität, Übelkeit und Haß ausstrahlen. Ein Augenblick, lang wie die Ewigkeit. Seit dem Auseinandergehen an seiner Wohnungstür. Acht Tage vor Kriegsbeginn. Betrunken. Von unseren Frauen wegen des Lärms in der Nacht angegriffen. Wir hatten einander erklärt, was Demokratie bedeutet. Was Freiheit bedeutet. Und Zusammenleben. Fünfmal waren wir zurück an den abgeräumten Tisch gegangen. Hatten eine Taktik für die Verteidigung Sarajevos entwickelt, falls... Hatten die Tschetniks verflucht und zu Milosevic geschickt. Dort konnte sie nur eine Kugel in die Stirn erwarten, denn mit diesen Banditen und Nichtsnutzen... Und übrigens ist seine Frau und sein Kind aus katholisch-muslimischer Ehe... Nachdem ich an diesem Morgen zu Hause angekommen war, erklärte ich meiner Frau zufrieden, daß die durchzechte Nacht nichts wäre im Vergleich zu der Erkenntnis, daß ein richtiger Bosnier Bosnien nie hergeben würde. Daß die Menschen in Sarajevo, egal welcher Nationalität und Glaubensrichtung... In Ordnung, sagte er endlich und ließ den Umschlag los, holte mich zurück vom Abspulen des "Filmes" über die Vergangenheit . Ich nickte und legte die Papiere auf den Sitz neben mich. Der Fahrer drückte nervös das Gaspedal, und das Brummen des Motors wurde immer stärker, wobei sich das monotone Geräusch verlor. Er schloß langsam die linke Tür des Transporters und kam näher. Fast berührten sich unsere Köpfe. Paß auf dich auf, preßte er durch die Zähne. Das werde ich, sagte ich leise. Mit geübter Bewegung kam der Franzose von der Kuppel herunter und schaute uns verwundert an. Langsam schloß er die andere Türhälfte, dann drückte er schnell den Riegel herunter und hieb mit der Faust auf das Dach des Gefährts. Wir fuhren los, und der Franzose kehrte mit der gleichen Geschicklichkeit und Schnelligkeit an seinen Platz zurück, dabei das Gewehr fest umklammernd. Der kennt dich wohl, wendet sich ein Mitfahrer an mich, der unter dem Namen eines Menschen reist, dem er nicht erinnert und den er, da bin ich mir ganz sicher, überhaupt nicht ähnlich ist. und den er, da bin ich mir sicher, nie gesehen hat. Ja, sage ich. Er ist langsam, sagt der ältere Mitreisende. Irgendwie träge. Mir scheint, als würde es ihm schwer fallen, auf uns zu schießen. Er lacht über seinen eigenen Witz, auf den wir nicht reagieren. Hauptsache, wir sind durchgekommen, fügt er hinzu. Nie mehr Tschetnik-Kontrollen und Barrikaden. Nur noch der Einstieg ins Flugzeug. Ich hoffe, mit Gottes Willen, ohne Probleme, und dann beginnt die Freiheit... Ja, sage ich, mehr auf seine Aufdringlichkeit reagierend als auf seine Worte. Laßt uns hoffen, daß es nie mehr Barrikaden gibt.

DIE BEICHTE

Wenn du ihren Kopf betrachtest, insbesondere die Augen, kannst du schlußfolgern, daß sie immer noch ein Kind ist. Wenn du sie von hinten betrachtest im kurzen, engen Kleid, denkst du, vor dir steht eine junge Frau, eine sehr hübsche Frau mit schönen langen Beinen. Wenn du die ganze Figur von vorne oder vom Profil siehst, wird dir ganz klar, daß vor dir eine Frau steht, die sehr bald ein Kind auf die Welt bringen wird... Blondes und unregelmäßig geschnittenes Haar. An einigen Stellen bis zur Kopfhaut abrasiert. Unter anderen Umständen würde alles an modische Verrücktheiten einer trotzigen Sechszehnjährigen erinnern. So aber ist sie die lebendige Erinnerung an die Entlassung aus einem Frauenlager. der Tschetniks. Sie hatten ihr gesagt, Huren werden Glatzen geschnitten. Mit Teer und Schlamm eingerieben. Und gesteinigt. Statt Teer kann auch Scheiße genommen werden, denn du und deinesgleichen unterscheiden sich nicht von Scheiße... Anstatt der Steine kamen Fußtritte, Schläge mit Fäusten, Metallstangen und Harken. Sie zeigt ihre blauen Flecken und die Narben. Eine große, noch nicht verheilte Wunde am Kopf. Sie zählt Namen, Spitznamen, charakteristische Bewegungen und Aussehen ihrer Peiniger auf. Ihrer Vergewaltiger, die sie von Zimmer zu Zimmer schleppten. Von Bett zu Bett. Die von ihr verlangen, zuzusehen und sich zu merken, was ihnen gefiel, während sie andere Frauen vergewaltigten. Unter ihnen auch ihre Mutter. Und nebenbei drohten sie ihr, daß das Leben ihrer Familie in ihren Händen liegen würde, vor allen Dingen zwischen ihren Beinen. Sie sah zu. Ekelte und übergab sich. Weinte und schrie... Sie konnte genau sagen, wie und wann ein jeder geküßt werden sollte. Gestreichelt. Wie man sich auf seinen Schoß und auf seine Schulter zu setzen hatte. Wie den Hintern zu bewegen. Wie sich von vorne und von hinten bereitlegen. Wie man zum Ende zu kommen hatte... Sie fragte sich, warum die Leute sie so komisch ansahen, als sie ihnen vom Lager erzählte. Warum sieht sie in ihren Augen Haß? Und den Verdacht, sie hätte es mit den Tschetniks genossen? Doch nicht wegen der Details? Warum glauben sie ihr nicht, daß sie alles genau behalten mußte? Jedes Vergessen bedeutete erneute Ohrfeigen, Fußtritte, den Kopf im Eimer voller Urin und an der Brust ausgemachte Zigaretten... Insgesamt vier. Drei Narben an der linken und eine an der rechten. Alle an der Brustwarze. Wahnsinnige Schmerzen. Wenn du weinst und schreist, wiederholt sich alles. Ein großer Schnitt über den Hintern mit dem Messer, denn der Arsch darf nicht ruhen, wenn du mit mir fickst, sagte er und kicherte, als er die anderen rief, wie sich die Kleine bewegt, wenn Baja bumst... Natürlich kannte sie die meisten von früher. Es waren zwei Lehrer aus der Hauptschule. Ein Händler aus dem nahegelegenen Geschäft. Der Vater ihrer Schulfreundin. Der Direktor der Firma, in der ihre Mutter arbeitete. Sie versteckten sich nicht. Weder sie noch die, die sie erst kennenlernte... Zuerst vergewaltigte sie der Geschichtslehrer. Sie schrie. Vor Überraschung. Vor Angst. Vor Schmerzen. Vor Pein. Er lachte und sagte, er werde aus ihr die beste Fickerin in der ganzen Welt machen. So wie sie die beste Schülerin in Geschichte war. Dann kamen die anderen. In den ersten Tagen und Nächten kam es ihr vor, als ob sie gar nicht von ihr stiegen. Daß gleichzeitig zwei, drei auf ihr lagen. Daß sie vor Schmerzen, Angst und Erniedrigung sterben wird. Vor verschlucktem Sperma und vor Dreck, den sie von ihren Körpern lecken mußte... Später gewöhnte sie sich an die Schmerzen. Und an die Erniedrigungen. Und an die Angst? Irgendwann hört der Mensch auf, Angst zu haben. Alles wird ihm gleichgültig. Grobheiten, Zittern, Schreien, Austoben, Zeigen der Männlichkeit beachtet er nicht mehr. Als hätte man sich vom eigenen Körper getrennt, über den perverse Wesen uneingeschränkte Macht besitzen. Als hätte man hundertmal nicht gehört. Die tausendmal gestellte Frage: Gefällt dir das, du muslemische Nutte?! Als hätte sie nicht hundertmal, tausendmal laut geschrien: Ja! Mir gefällt das! Und danach bekommt sie eine Ohrfeige, denn sie ist nicht zum eigenen Vergnügen hier. Dann schreit sie auf Befehl: Es ist widerlich. Widerlich! So lange, bis einer von den Wartenden kommt und ihr eine Ohrfeige verpaßt, sie mit dem Fuß tritt, sie, den ungetauften Bastard, der sich traut zu behaupten, es wäre widerlich, hier im Königreich der Schönheit und des Vergnügens. Mit auserwählten Söhnen Serbiens, die ihr Ehre erweisen, weil sie sie bumsen. Und serbische Kinder zeugen. Und eine Ungetaufte zur Mutter eines serbischen Kindes machen... Plötzlich sprang sie vom Stuhl auf und redete nicht weiter. Sie ging zum Fenster und blickte lange hinaus. Dann glitt sie zu Boden und suchte die bequemste Stellung. Laßt mir eine Kassette, sagte sie auf einmal. Wir sahen sie verwundert an. Ihr habt alles aufgenommen, was ich gesagt habe? fragte sie. Ja, antworteten wir. Laßt mir eine hier, damit ich nicht alles wiederholen muß. Ich bin müde vom Erzählen, von Fragen, von Verwunderung. Wir ließen ihr eine Kassette und einen Kassettenrecorder mit neuen Batterien da. Wir fragten nicht weiter nach ihren Eltern und ihrem Bruder. Nach dem Ungeborenen. In ihrem Gesicht, in ihren Augen sahen wir erneut das Kind. Die Freude über das Geschenk. Und die Tränen, entlockt von der Erinnerung an das Zimmer mit dem großen Kassettenrecorder. Und von der vielen guten Musik. Den Postern an der Wand. Das große Bild von ihr. Die zwei Fotos, eines mit den Eltern und eines mit dem Bruder. Urkunden von Schulwettbewerben... Wieder hörte sie auf zu sprechen. Sie sagte, sie wäre müde. Sie müsse schlafen. Wenn wir wollten, könnten wir morgen oder übermorgen... Wir kamen nächste Woche mit Musikkassetten. Aber sie war nicht da. Auch das Haus, wo wir uns unterhalten hatten, war nicht da. Man sagte uns, vor zwei Tagen sei eine Bombe niedergegangen. Eine Brandbombe. Es war nichts da, womit das Feuer hätte gelöscht werden können. Aber ihr ginge es gut, und man hätte sie in einen anderen Stadtteil gebracht, von wo aus sie in ein, zwei Tagen vermutlich mit anderen Schwangeren ins Ausland gebracht wird. Zur Entbindung und zur Erholung.

KINDERWEINEN

Wir blickten vom Fenster aus auf die Straße, von der erneut Schüsse aus Maschinengewehren hallten. Auf dem Fußweg neben dem zerstörten Geschäft saß ein Kind. Neben seiner Mutter. Es weinte. Sie hörte es nicht. Sah es auch nicht. Die Menschen liefen vorbei. Sie drehten sich nicht um. Sie hielten nicht an. Sie sahen die blutigen Kinderhände nicht. Nicht das große Loch im Kopf der Frau. Nicht die Hunde und Katzen, die um die Ruine herumschlichen, weil sie das Blut und das tote menschliche Fleisch rochen. Die einzige Nahrung, die es im Übermaß in letzter Zeit auf Sarajevos Straßen, Müllhalden und seinen Ruinen gibt... Niemand bleibt stehen, denn wenn er stehenbleibt, was soll er mit dem Kind machen? Kaum zwei Jahre alt. Mit blonden, ein wenig längeren Härchen. Überraschend sauber in einer Stadt, in der es seit Wochen kein Trinkwasser gibt. Was soll man mit seinen Händchen machen, die bald Mutters Kopf streicheln und bald hysterisch schütteln? Was anfangen mit der Stimme, die heiser ruft? Trauervoll wimmert. Was tun mit dem halbnackten Körper der Frau, die barfüßig aus dem Haus gerannt ist, fliehend vor Granaten und Feuer? Sie rettete den älteren Sohn. Für den jüngeren, erst sechs Monate alt, und den Ehemann gab es keine

Rettung. Die Granate traf sie beim Zubereiten einer Mahlzeit aus vor langer Zeit besorgtem Milchpulver und Wasser, gewärmt in einer Plastikflasche an der Sonne. Und sie lief zuerst auf den Hof und dann auf die Straße. Sie schrie, das Kind in den Armen haltend. Legte es auf die Straße und versuchte, in das Haus zurückzurennen. Aber das Feuer erlaubte ihr nicht, sich der Tür zu nähern, geschweige denn in die Küche zu gelangen. Die zwei sind noch dort, schrie sie und versuchte sich von den Leuten loszureißen, die sie vom Haus und vom Hof wegzerrten. Mit größter Mühe brachten sie sie in den Schutzraum. Sie kauerte in der Ecke und wimmerte. Zusammen mit dem Kind. Gerade noch willigte sie ein, einen alten Hausmantel anzunehmen und ihn über die Schulter zu werfen. Sie erzählte, wie sie und der ältere Sohn im Zimmer am gegenüberliegenden Ende des Hauses lagen. Sie versuchten einzuschlafen, um den Hunger zu täuschen. Wenn der Mann und der jüngere Sohn nur eine Minute vor dem Granateinschlag in die Küche... Als alle der Auffassung waren, daß das neue Schweigen der Kanonen und Panzer von den umliegenden Bergen anhält, verließ sie zusammen mit den anderen den Schutzkeller. Und erneut mit dem Kind im Arm ging sie zurück zum zerstörten, niedergebrannten Haus... Die kurze Stille wurde durch das Rattern eines Flugabwehr-MGs unterbrochen. Für ein an Granaten gewöhntes Ohr nichts Schlimmes. Aber für sie?! Das Ende jeglichen Leidens, von Hoffnung, Sorgen und Enttäuschungen... Wir beobachteten alles vom Fenster und sagten nichts. Wem hätten wir auch etwas sagen können? Was sagen? Wie die Straße überqueren, daß dich keine Kugel trifft? Im übrigen haben wir zwei unsere Geschichten schon längst zu Ende erzählt. Uns bleibt nur noch, zu vergessen. Diese Stadt. Diese Menschen. Erinnerungen. Ehemalige und gegenwärtige Leben. Uns bleibt nur noch, die Rolläden herabzulassen und einzuschlafen, während wir auf die Möglichkeit warten, die uns aus der belagerten, halb zerstörten und halb toten Stadt herausbringt. Aber das Weinen des Kindes erlaubte uns nicht einzuschlafen. Wir gingen auf die Straße. Rannten vorsichtig hinüber. Brachten das Kind zur Nachbarin. Sie war nicht gerade erfreut. Neben zwei eigenen noch ein drittes, dazu noch fremdes Kind in diesen Zeiten zu haben, ist nicht gerade normal, sagte sie. Wir sprachen von Humanität. Von der Verpflichtung, sich gegenseitig zu helfen. Sie blickte uns blaß an. Wir versprachen ihr, Nahrung für das Kind und für ihre Familie vorbeizubringen. Sie sagte, gut. Aber nur für zwei, drei Tage. Und wenn ihr Lebensmittel habt, fügte sie hinzu, wäre es gut, wenn ihr sie vorbeibringt, denn ich habe überhaupt nichts mehr. Wir kehrten in die Wohnung zurück und sammelten alles Eßbare. Auch zwei Liter Wasser brachten wir. Wir schauten dem Kind beim Essen zu. Ab und zu stieß es auf. Dann legte es sich auf die Seite und schlief ein. Wir kehrten zurück auf die Straße. Den toten Körper der Frau schleppten wir zum nahegelegenen Park. Wir vergrößerten und vertieften das vor einer Stunde durch eine Granate entstandene Loch. Dann mußten wir wiederum fast eine Stunde warten, um die Frau zu begraben, weil Granaten erneut wie verrückt um uns zischten und niederprasselten. Auf ein Holzstück schrieben wir nur den Namen. Es war nicht Zeit genug, Erkundigungen über ihren Nachnamen, Verwandte und die Glaubenskonfession einzuziehen, die angebracht wären, um sie von dieser Welt zu verabschieden. Denn der Verbindungsmann, der uns das Verlassen der Stadt ermöglichte, wartete bereits.

INHALT